文艺美学视域下的晋商文化

原丽敏 著

中国商业出版社

图书在版编目（CIP）数据

文艺美学视域下的晋商文化 / 原丽敏著. -- 北京：中国商业出版社，2022.11
ISBN 978-7-5208-2405-7

Ⅰ．①文… Ⅱ．①原… Ⅲ．①晋商－商业文化－研究 Ⅳ．①F729

中国版本图书馆 CIP 数据核字(2022)第 244436 号

责任编辑：聂立芳
策划编辑：张　盈

中国商业出版社出版发行

（www.zgsycb.com　100053　北京广安门内报国寺1号）
总编室：010-63180647　　编辑室：010-63033100
发行部：010-83120835/8286
新华书店经销
三河市悦鑫印务有限公司印刷

*

710毫米×1000毫米　　16开　9.5印张　200千字
2022年11月第1版　2022年11月第1次印刷
定价：58.00元

****

（如有印装质量问题可更换）

前　言

晋商文化作为一种独特的地域文化，深深地吸引着众多学者对其进行研究。

笔者作为土生土长的山西人，从小进出于晋商王家大院的大小院落、亭台轩榭，震惊于其恢宏的建筑，感慨先人惊人的智慧。20世纪20年代，国内学者就开始对晋商进行研究，到80年代，晋商成为学界关注的焦点，进入21世纪，研究的视野不断开阔，运用新方法、新理论以新的视角进行晋商研究，较之以往的研究，有了新的突破。

晋商文化包括了物质文化和精神文化两方面内容，所以它的美不仅体现在可触的实体的物质文化中，更深层次地蕴含在隐性的精神文化中。如何发现这些美，并且利用好、传承好，是一个备受关注的问题，涉及多个研究领域，所以，美学视域下的晋商文化研究应该是一个开放性的研究。

本书贯穿的理论思路是以审美的眼光审视晋商文化，焦点集中于对晋商文化美的发掘、分析、传承。在当今文化软实力竞争日趋激烈、文化自信急需增强的形势下，作为一名理论工作者，有必要对晋商文化进行反思，揭示隐藏在其背后的美学意义，以更好地提高人们的审美品位，发扬中华传统审美。

在研究过程中，许多前辈、同仁给予了很大的帮助，在此，笔者对他们表示由衷的感谢。

作　者
2022年9月

目 录

绪 论 1

第一章 晋商概述 6

第一节 晋商发展史 6

第二节 晋商商帮 15

第三节 晋商票号 27

第四节 晋商会馆 35

第二章 晋商文化 49

第一节 晋商文化探源 49

第二节 晋商文化的科学内涵和内容 53

第三节 晋商文化的审美内蕴 58

第三章 晋商文化的美学价值 62

第一节 晋商商业伦理文化的美学价值 62

第二节 晋商的经营文化 72

第三节 晋商商业管理文化 80

第四节 晋商家庭伦理文化的美学价值 90

第五节 晋商大院文化的美学价值 93

第六节 晋商民俗文化的美学价值 114

第四章 晋商文化的传承和发展 120

第一节 晋商文化的现代传承 120

第二节 新时代晋商优秀传统文化的创造性转化和创新性发展 125

第三节　新晋商与新晋商文化 129

第四节　晋商文化对国家软实力提升的影响 139

参考文献 145

绪　　论

兴起于明朝初期，鼎盛于清朝中期的晋商，从最初的小本经营，发展到创立票号，直至汇通天下，称霸中国商界 500 余年，可谓中国商业史上辉煌的一页。晋商不仅创造了丰富的物质财富，而且汇聚成诚实守信、开拓创新、修身齐家等精神财富，成为内涵丰富且影响深远的宝贵的文化遗产。

因其对后世深远的影响，自 20 世纪 20 年代，国内学者就开始对晋商文化进行研究。改革开放以后，社会各界尤其是学者更加关注晋商文化，对晋商文化的研究也日益深入。这两个阶段，学界对晋商的研究大多是纵向的，集中在晋商兴衰、票号兴亡、经营管理等一些方面，有卫聚贤的《山西票号史》（三晋出版社，2017 年版），田际康、刘存善的《山西商人的生财之道》（中国文史出版社，1986 年版）和张正明、薛慧林的《明清晋商资料选编》（山西人民出版社，1989 年版）等专著及论文。1992 年，山西文史馆开始认识到晋商研究的重要性，组织召开晋商文化座谈会，其专刊《文史研究》也连发 3 期晋商研究专号。随后，在山西太原成立了晋商研究会，研究会成立后，研究成果不断涌现：史若民的《票商兴衰史》、葛贤慧和张正明的《明清山西商人研究》、王尚义等人的《明清晋商与金融货币史略》、张正明的《晋商与经营文化》、张正明和张舒的《晋商兴衰史》、葛贤慧的《商路漫漫五百年——晋商与传统文化》等专著陆续出版。

20 世纪 80 年代，晋商成为学界关注的焦点，研究成果如雨后春笋般涌现，有围绕晋商历史进行考证、研究晋商活动轨迹的，如《山西票号史料》《明清晋商资料选编》《山西票庄考略》《山西票号史》等；有研究晋商票号发展历史的，如《山西商人研究》《晋商史料研究》《晋商兴衰史》《票商兴衰史》等，主要阐述晋商历经 500 余年，其兴起、鼎盛、衰落的原因；有研究晋商商业制度、经营模式和理念的，如董继武、景占魁主编的《晋商与中国近代金融》，围绕票号对晋商在不同时期的经营状况，兴盛及衰落原因进行分析；还有研究将晋商与中华优秀传统文化联系起来，研究其伦理价值，如葛贤慧的《商路漫漫五百年——晋商与传统文化》，阐释了晋商承袭了传统文化中吃苦耐劳、诚信笃实、积极进取的文化精髓；又如张正明的《晋商与经营文化》，阐释了晋商儒贾相通、以义制利、谋略竞争、经商爱国、修身正己的人格气质。

进入21世纪以来，晋商研究的视野不断开阔，运用新方法、新理论以新的视角对其进行研究，较以往的研究有了新的突破。

国外对晋商关注最多的是日本学界，发表的论文有佐伯富的《清朝的兴起与山西商人》《清代塞外的山西商人》《清代山西商人和内蒙古》《山西商人的起源和沿革》《清代的山西商人》《山西商人发展的原因》《苏州的全晋会馆》；论著有寺田隆信的专著《山西商人的研究》（山西人民出版社，1986年译本）；还有资料汇编，如滨下武志等的《山西票号资料集·书简》等。国外对晋商为数不多的研究也基本集中在其商业领域，对晋商文化的探索尚未涉及。

一、研究内容

鉴于国内外对晋商文化的研究现状，本书着重从文艺美学这一新的视角入手，深层次、多角度发掘、研究辉煌的晋商文化在昔日、当下、未来所蕴含的丰富的美学内涵和价值。本书对晋商文化在其发生、凝聚、发展过程中渗透的美学内涵加以重新审视，并将其与现代社会的价值观、伦理观等结合起来，做到古今贯通、古为今用，进一步探讨新形势下，晋商文化的美学价值及传承发展问题。这些内容共分五部分展开论述，第一部分是绪论。第二部分从晋商的兴衰入手，纵向梳理其发展脉络，同时紧扣晋商三个最典型的标志——商帮、票号、会馆进行介绍，对晋商文化的形成背景做宏观把握。第三部分着重对晋商文化的内涵展开论述。晋商文化与晋商关系密切，晋商文化与儒家传统文化又有很深的渊源，其内涵是晋商对儒家文化的传承和发扬，有很强的审美功能，具体体现在人生观、价值观等方面。第四部分探讨了晋商文化的美学特征。晋商文化的美学功能，从古至今是如何发挥的。晋商文化的作用是内化在高墙大院、雕刻绘画的建筑中，家风家训、楹联匾额的训诫中和民俗民风的活动中。第五部分主要阐述新形势下晋商文化传承和发展的必要性和路径。当今社会，时代赋予了晋商文化更多内涵，相应的晋商文化承载着更多的使命，传承和发展是必要的，也是必须的。晋商文化作为内涵丰富且影响深远的宝贵的文化遗产，如何科学地、高效地、有力地传承和发展，是我们共同要面对的问题。

二、研究意义

首先，在理论层面，学界对晋商及晋商文化的研究由来已久。虽选取视角广泛，涉及层面丰富，但之前学者大多从历史学角度研究其兴衰史，从经济学角度研究其经营管理模式，从伦理学角度研究其伦理价值，从社会学角度研究其对当今社会发展的借鉴意义，从传播学角度研究其传承脉络等，这些研究基本停留在晋商文化本身。本书另辟蹊径，从文艺美学角度入手，运用文艺学和美学理论，对晋商文化进行系统性的梳理和理论化的分析，以期更深层次了解晋商文化的内涵、核心、本质，了解其发展现状和未来走向，同时，试图为晋商文化研究提供全新的视角。

其次，在现实层面，文化强则民族强。文化是一个国家、一个民族的灵魂。如今，晋商文化已经成为当代中国的一种备受关注的文化现象，成为商家尊崇的商业典范，成为社会普遍推崇的伦理典范，从文化学角度加以分析，便于梳理出晋商由一系列商业相关活动发展成为一种备受关注的文化现象所独有的深刻内涵。从美学角度来看，它已经成为一种独特的美学现象，从这个角度进行分析，可以清晰地反映出普通民众乃至整个社会的普遍诉求，发现当今社会所面临的普遍性问题，引导和规范社会大众的思想和行为向更积极的方向发展。

三、研究方法

第一，文化学的研究方法。运用文化比较的方法多角度、多层次地分析研究晋商文化。

第二，传播学的研究方法。文化在于传播，传播的载体是文化。二者是互为一体的。没有传播的文化是没有力量的，没有文化的传播是没有内涵的，任何文化的发展都离不开传播，不同的文化具有不同的传播结构、传播途径和传播方式。晋商文化是明清时期的一种商业文明，其在现代社会仍然具有广泛的传播价值和意义。因此，要使用文化传播学研究方法分析晋商文化、分析晋商文化与传播的关系，从大众文化、大众传播、群体传播的视角来研究晋商文化的传播价值、传播途径和传播效果。晋商文化在现代社会能取得很好的传播效果并不断开拓出新的传播途径主要是依托大众传播以及由大众传播而引发的其他多种传播途径。因此，有必要用文化传播学研究方法分析晋商文化在现代社会的传承与发展。

第三，系统论的研究方法。文化本身就是一个有机整体，通常由物质、制度、价值三个层面构成，受地域、风俗等影响而不断发展，所以它不是一个封闭的系统，而是一个不断变化发展着的、开放的系统。系统论的研究方法正是把晋商文化看作一个整体，运用系统的、开放的观点进行考察、分析和研究。晋商经历了兴起、发展、兴盛、衰落的发展过程，随着晋商发生发展而形成的晋商文化也经历了一个漫长的过程。今天，晋商辉煌已成历史，但晋商文化依然熠熠生辉，其丰富的内涵和无上的价值一直被发掘、被关注，是我们坚定文化自信的关键一环。所以，用系统论的方法，对晋商文化的审美价值进行系统的、全面的认识，可以帮助我们客观、正确、全面地审视晋商文化，了解其发生发展过程，科学对待其在发展过程中形成的物质、精神等方面的成就。

第四，文献研究法。多年来，关于晋商文化的研究，国内外已有论文、论著等大量文献资料可供查阅，在分类检索、收集、查阅的基础上，了解晋商文化的研究现状，并参考已有的研究成果，从中借鉴对自己所作的研究有用的内容，也努力作出自己的创新。

第五，美学的研究方法。用文艺美学的相关理论对晋商文化所蕴含的美学内涵、审美价值进行理论阐释与分析，从理论的高度来看晋商文化的审美内涵，尤其是其在现代社会的审美价值，以及如何在当今社会古为今用，实现创造性转化与创新性发展。

第六，个案研究与内容分析。晋商各方面文化都有极具代表性的典型，在研究过程中，结合内容选取典型个案进行全面综合的分析，比如晋商大院文化，其中的雕刻、楹联渊源深厚、内涵丰富，不仅是宝贵的物质财富，更是难得的精神财富，在对这些个案进行研究的过程当中，分析其内容，从而发掘它的美学内涵与美学价值。

四、理论支撑

第一，文化传播学理论，主要涉及文化的本质、文化与传播的关系、文化传播的功能与特点。

第二，文艺美学理论，涉及文化、艺术与审美的关系。审美与文化有着共同的核心——艺术，所以二者之间必然存在联系，某一种具体的审美形态都指向特定的文化，在不同的文化背景下，按照审美规律创造出的艺术品，蕴含了独特的审美价值，无论是对其进行阐释或是理解，艺术、审美、文化都是绕不开的话题。

第一章 晋商概述

第一节 晋商发展史

晋商作为一个历史性概念，可追溯到春秋战国时期，是我国最早的商人群体之一，也是我国非常重要的商帮之一。清嘉庆年间，中国著名的十大商帮异军突起，当时，名扬四方的十大商帮分别是山西晋商、安徽徽商、陕西秦商、广东粤商、福建闽商、山东鲁商、宁波商帮、江西商帮、龙游商帮和洞庭商帮，山西晋商名列首位。

晋商发展到清代，已成为国内实力最雄厚的商帮。世界经济史学界把他们和意大利商人相提并论，给予很高的评价。这一时期，晋商雄踞中华，饮誉欧亚，辉煌业绩中外瞩目。

明清时期，山西商人上通朝廷，下结官绅，产生了王登库、靳良宇、范永斗、王大宇等八大皇商；商路达数万里，仅茶路，从南到北，综合水运、骡马运、驼运，直至莫斯科；晋商款项可"汇通天下"。晋商经营规模庞大，市场占有份额也相当可观，一时间形成国内贸易资金垄断的态势，而且，晋商的发展不仅限于国内，它的活动轨迹出现在亚欧各大城市，如加尔各答、伊尔库茨克、莫斯科、彼得堡、大阪、神户、长崎、仁川、塔尔巴哈台、伊犁、喀什噶尔等地，真是应了人们常说的那句话——凡是有麻雀的地方就有山西商人。

鼎盛于明清两代的晋商，称雄中国商界达500年，位列中国十大商帮之首，不仅在国内实力雄厚，在国际上，也是很有实力的商人集团。晋商活动范围之广，经营项目之多，资金积累之厚，创造了跨世纪性的兴盛。晋商是如何一步步发生、发展为执中国商业之牛耳的商贸龙头，中国商界这颗耀眼的星星又是如何陨落的呢？

一、隋唐以前——晋商萌芽

虽然，我们今天提到晋商，通常指明清以来的山西商人，但从历史的角度往前追溯，晋商发生要早得多。《周易》中有"日中为市，致天下之民，赞天下之货，交易而退，各得其所"的记载，讲的是神农氏开辟市集。山西的晋商在先秦时期就在从事神农氏这样的商品交易活动。发展到春秋时期，晋文公即位后，为使晋国强大而大力发展经济，到公元前632年晋文公称霸中原时，山西的安邑（今山西夏县西北禹王城）等地已发展成为颇具规模的商业贸易集镇，对内使"工商食官"、对外便"轻关易道通商"，降低税收和整顿道路的方法大大提高了商贸互通。经济的发展带动了商人的成功，被称为"布衣商圣"和"晋商鼻祖"的山西人猗顿，本是一介穷苦书生，得范蠡"子欲速富，当畜五牸"的致富真经后，在山西晋南一带开始大畜牛羊，加上经营盐业，仅用10年时间，就发展成与范蠡齐名的商业巨富。

随着商品经济的发展壮大，到秦汉时，山西的太原、平陆、平遥等地就已成为重要的商品集散市场。据《魏书》记载，早在魏晋南北朝时期，波斯国就派使臣来中国交聘。近年，在山西出土的萨珊王朝（公元224年—651年）金币，是山西与波斯经济交流的重要物证，足以说明山西商人与丝绸之路的密切关系。隋唐五代又出现了漳州（今晋城市）、太谷、平定、大同等新兴商业城镇。唐初，李渊、李世民父子在太原起兵，灭了隋朝，唐朝兴盛，定太原为北都，国家兴旺发达激励着商业的繁荣，当时整个经营面貌正是韩愈古诗中所描绘的那样——"朗朗闻街鼓，晨起似朝时"。

二、宋元——晋商形成

宋代开始，居商业中坚地位的山西商人开始大显身手。

山西地处太行之西，关山险固，易守难攻，历来就是兵家必争之地。从春秋战国一直到明清的2000多年中，这里经常是烽火连天，干戈不息。尽管朝代一再变换，但太行山的险要地位一直未变。宋代，地处边防重地的山西，在战争中所需的战马、骆驼、皮革等必须依靠边境贸易，从北方的辽国采购，而辽国更需要宋的食盐、茶叶等大量手工业制品。公元996年,北宋在山西"边州置榷场,与藩人互市",而"沿边商人深入戎界,互通有无"进行贸易。山西商人抓住这一机会,开始从事商品贸易,从中获得不菲的收益。经济的巨大发展让赵宋王朝心生恐惧,为了进一步维持政权稳固,政府多次下令闭市,但出于市场需求都没能成功。

之后,靖康之变的发生,在一定程度上阻碍了工商业的发展。但是后来建立的元朝促进了经济的发展,一方面,它彻底结束了宋、辽、金的割据局面;另一方面,驿站日趋完备,打破了商品贸易的地域限制,贸易的范围逐渐扩大,其规模从《马可·波罗行纪》可以看到——"从太原到平阳(临汾)这一带的商人遍及全国各地,获得巨额利润"。

三、明朝——晋商兴盛

晋商发展至明朝逐渐兴盛。从政治方面看,其得益于明朝中后期的"解禁"政策。早在唐朝,中国就已经开始了白银货币化,但是白银从贵重商品演变为完全的货币形态,是在明朝。白银货币化改变了白银非法货币的身份,成为社会流通的合法货币,并逐渐成为主币。明朝时,承袭唐朝的两税法而实施推广"一条鞭法",将所有的田赋、徭役等合并为银两进行征收。这一做法不仅使税制得以简化,也促进了白银在社会的流通。

从经济方面看,晋商兴盛得益于明朝政府实施的"开中制",山西有幸成为试点,加上巨大的盐市场需求量,晋商开始突飞猛进的发展。所谓"开中制",是指明政府利用手中的食盐专卖、专销特权"吸引商人纳粟于边,官给引目,支盐于坐派之场,货卖于限定地方"。明朝尚未征服的瓦剌部落和鞑靼部落是最强大的,与明朝形成三足鼎立的局面。由于北元从未放弃入主中原的意图而对中原频频侵袭,为了自身防卫,也为了打击鞑靼势力,明政府大力修筑长城,同时设立了九边重镇,驻军八九十万进行防御。但是,边陲距离遥远,军需供应面临距离远、成本高的难题,在这样的历史背景下,"开中制"开始在山西实施。明政府调动山西商人进行转运,根据运送数量发放盐引给商家,有了盐引,晋商就获得了贩卖官盐的资格，贩卖后获得利润。明政府整合资源、优化配置的这一举措，虽然损失较多的盐税，但是减轻了边防补给的负担，山西商人从中获得利润，而且形成垄断态势，可谓国家和商人各得其所。在当时许多内陆省份根本不产食盐，又离不开食盐这种重要的生活必需品，因此盐业的贸易利润极其丰厚，以至于山西地区商人的财富积累更加迅猛。晋商依靠其边境和盐区的独特且便利的地理位置，抓住机遇，为贩盐而远离故土，这不仅为晋商走出去创造了机会，而且形成了官商合作的运行机制，进而为发展商业贸易带来千载难逢的机遇。

明中叶以后，由边商完成的报中、守支、市易的盐业运行体制被打破，大量边商空有盐引，盐场却没有盐可领。有时甚至为了领盐要等长达数十年，不仅打击了边商的热情，而且也无利可图。"开中制"举步维艰，濒临崩溃的边缘。为了保证盐业的良性运行和收入，明政府实行了叶洪变法，把"开中制"改成了"折色制""粮中盐"变为"银中盐"，并于明弘治五年（1492年）开始实施。"折色制"也是经营贩盐生意，官府不再支付盐引给商人，而是直接支付银子，商人可以拿银子直接去换取盐引。这一做法使以前只能在边疆经营的商人成功实现了向内地的转移。山西商人由边商转为内商，经营中心的转变，并不意味着他们放弃了北部边塞市场，相反，他们一直谋求转型，主要体现在商业活动范围由以前的北部边塞地区扩大到内地，经营方式由以前的主要经营粮、棉、盐转为多种经营，最重要的是组织形式上由以前的独资经营先改为内商和边商合作经营的"朋合制"，再到后期的建立在地域、血缘关系基础上的"合伙制"。

"朋合制"是明中后期边商和内商的合作经营制度。山西商人拥有雄厚的资本，他们来到边镇，将资本交给当地商人共同经营，形成出资与出力的优势互补，并通过订立契约来保证各自的利益。"朋合制"虽然比晋商先前独资、贷金制的经营方式要先进得多，但是也存在很多弊端，共同获利的双方常常会因为分配不均而发生纠纷，边商甚至还会侵吞内商货物。日益凸显的弊端使"朋合制"最终解体，取而代之的是"合伙制"。"合伙制"不同于"朋合制"，它是建立在地域和血缘关系基础上的组织形式，以忠义和诚信为本，出资人只有一人，依据规模选择若干伙计（合伙人）共同经营，因为这些伙计或是地域上有联系的同籍、同乡，或是血缘上有关联的同族，出于诚信和忠义，双方即使不签订合同，也能保证各自的正当利益，不会发生利益纠纷。这些创新和顺应时势的转型，使晋商成为明朝中后期资本最雄厚的商人，其经营范围已经是"半天下"了。

从自身资源看，山西不仅矿产资源丰富，而且地理位置优越。山西位于长城的内侧，大同地处雁北大同盆地西北部。北扼阴山，南控太行和太原，东连上谷（今河北易县），西面以黄河为界挟内外长城。这里是晋、冀、蒙交通要道，是我国北方的军事重镇。另外，山西还是国家东西南北交流贸易的中心位置、通衢之地，丰富的矿产资源导致了手工业和加工制造业的繁荣，手工业和加工制造业的繁荣又为商业的发展提供了良好的物质基础，晋商得以一步步走向辉煌。

从前文论述可以看出，晋商的辉煌与山西优越的地理位置是分不开的，但也有一些地区不够乐观，比如晋南一带，人多地少，靠天吃饭难以果腹，为了生计，人们不得不外出经商，经商一时间成为晋南人赖以生存的主要手段。晋中商人当时已遍及全国各地。北京城曾流行这么一句话："京师大贾数晋人。"随着商业竞争的日趋激烈，为了维护自身利益，晋商结盟的商业组织出现，成为晋商经久不衰的一个重要原因。

许多成功的山西商人，大都是从小商贩起家而发展成为大粮商、大盐商，他们受益于"开中制"，发展成为经营粮、盐的商业团体，驰骋于当时中国的商界。

四、清朝——晋商鼎盛

到清代，晋商发展成为国内实力最雄厚的商帮。后世常把晋商和闻名遐迩的意大利商人相提并论。

历史上，长城一直是抵御外敌的天然屏障，但是，清朝入关后，它就不再发挥作用了。这为晋商的发展提供了新的历史机遇，他们大力发展旅蒙贸易。当时，太谷王家和祁县张家、史家的"大盛魁"商号是当时最大的旅蒙商号。随后，晋商又将活动范围扩大到俄国、日本和阿拉伯国家，不仅实力最强，而且势力最大。

清康熙二十八年（1689年），中俄签订《尼布楚条约》。条约明确规定"凡两国人民持有护照者,俱得过界往来,并许其贸易互市"。雍正五年(1727年),中俄相继签订了《布连斯奇界约》和《恰克图界约》,使恰克图变成中俄的贸易商埠,实行贸易互通。晋商在这一时期发展旅俄贸易,把中国的茶叶远销俄国,并在恰克图广设商号,促成了晋商"万里茶路"的形成,成就了晋商走出中国、走向世界。

茶叶兴起于中国,唐宋时期,饮茶之风盛行。中俄贸易中,交易的商品以茶叶为主。山西并不是茶产区,却有"万里茶路晋商开,天下茶商晋占半"的美称。在"万里茶路"的开拓中,晋商"南吞北吐",突破大山的阻隔,蹚过江河的险阻南下采购茶叶、丝绸、土布、瓷器、手工艺品和本省的烟叶、米谷等一些货物,历经上千里坎坷辗转,通过马匹、骆驼、牛车等北上运往中俄边境,在恰克图市场进行贸易,获取俄国的皮毛、金银、玻璃器皿等物品,开拓了国外市场。到咸丰元年(1851年),晋商对俄贸易总额超600万卢布,茶叶一项就占中俄贸易的98%。清朝人何秋涛《朔方备乘》中记载:"所有恰克图贸易商民,皆晋省人,商民俗尚勤俭,故多获利。"随着饮茶在社会各阶层的普及,茶叶的需求量逐渐扩大,晋商在恰克图开设的专营茶叶的商号也与日俱增,最多时有100多家。近200年间,晋商一直占市场垄断地位。

清乾隆年间,山西祁县和徐沟的乔姓、秦姓二人创立"复盛公",经营草料、杂货等,是包头最古老的商号之一。有民谚"先有复盛公,后有包头城"。复盛公日益壮大的商业贸易垄断了包头的商贸,使包头的商业发展日趋繁荣,包头也由一个小村庄逐渐发展成为大城市。

嘉庆至道光年间,接连不断的农民起义导致天下不太平。大量银钱运输难逃劫匪抢劫。即使有镖局护送,也存在一定的风险。为解决众多商家共同面临的这一难题,平遥李家掌柜雷履泰开设中国首家票号——日升昌,从事资金及个人私银的汇兑、存放等金融业务,创造了山西票号"汇通天下"的伟业。

在政策支持和市场需求的双重条件下,晋商队伍不断壮大。我们熟知的平遥李家、介休侯家、太谷曹家、介休冀家、榆次常家、祁县渠家、祁县乔家等,都是当时著名的商帮。他们开设的绸缎庄、茶庄、布庄遍布各地,并创立了遍布天

文艺美学视域下的晋商文化

下的票号。

在晋商主要的商号中，最具规模的便是"大盛魁"和"日升昌"。大盛魁是清朝时期参与蒙古地区贸易中规模最大的商号，创始人是山西太谷县人王相卿、祁县人史大学和张杰。该商号最强盛时期从业人员有六七千人，商队骆驼有近二万头，活动地区主要包括蒙古各部、恰克图、内蒙古各旗、新疆乌鲁木齐、库车、伊犁和俄国的西伯利亚、莫斯科等地。上至绸缎下到葱蒜，经营项目无所不有。正如张正明教授在《山西商帮》一书中所提到的"大盛魁以雄才之优势，纵横捭阖于漠北，懋迁有无，为同行所望尘莫及"。"日升昌"票号由山西平遥西达蒲村富商李大金出资与总经理雷履泰共同创办，它的前身为西裕成颜料庄。这是山西票号史的开始，也是中国第一家专营存款、放款、汇兑业务的私人金融机构，开中国银行业之先河，直接促成晋商金融业的飞速发展。

晋商发展至清，成为国内实力最强、势力最大的商帮。在明朝时期，政府禁止与满族的商业往来，但晋商却冒着极大的风险与满族进行商业活动。晋商的这种行为确实为满族军队进入山海关、攻占首都、灭亡明朝提供了帮助。然而，我们也应该看到，晋商的行为并非是出于对清军的协助，而是出于商业利益。同时，也不能简单地将晋商的行为视为对明朝的不忠，因为他们只是在违反当时政府禁令的情况下进行商业活动。

在清军入关后，顺治帝曾宴请山西的八家商人——榆次的常家，太古的曹家，祁县的乔家、渠家，平遥的李家，介休的范家，万荣的潘家，阳城的杨家，并赏赐他们朝服，封为"御用皇商"。然而，这并不意味着他们的行为是出于对清朝的协助，而是因为他们在此前的商业活动中与满族建立了紧密的联系。此外，这八大皇商拥有别人难以企及的经济特权，与朝廷发生千丝万缕的联系，提高了晋商的政治地位，对晋商的势力发展起到了推动作用，不仅荣耀了整个家族，而且促使晋商势力日益强大。

晋商作为地方性集团组织，其发展的鼎盛时期在清代，重要标志就是会馆的设立。会馆刚开始是为联络同乡感情的，到后来发展成为维护同行或同乡利益的组织。晋商发展到清代，已成为国内实力最雄厚的商帮。据史料记载，当时全国

第一章 晋商概述

排名前16位的大财团都在山西。当时世界经济史学者把晋商和意大利商人相提并论，给予了很高的评价。

"学而优则仕"的观念由来已久。历史上多少人一生只做一件事，那就是考取功名。但商业的蓬勃发展，财富的日渐丰厚，商人地位的提高，渐渐改变了山西人的思想。"有儿开商店，强过做知县；买卖兴隆把钱挣，给个知县也不换"这样的民谚开始生根，"学而优则商"的观念逐渐取代了"学而优则仕"。雍正皇帝曾这样给山西人从业排序："山右（今山西）大约商贾居首，其次者犹肯力农，再次者谋入营伍，最下者方令读书"。确实，在山西人心中，经商不仅是发家致富的重要途径，而且是非常体面的职业。山西商人自己也说"家有万两银，不如茶庄有个人；当官入了阁，不如茶票庄上当了客"。这一时期，晋商雄居中华，饮誉欧亚，辉煌业绩中外瞩目。特别是晋商的商帮、会馆和票号，是晋商成功发展的三座丰碑。

三座丰碑是晋商繁荣的见证。晋商商帮中，驼帮是以骆驼运输为主从事贸易活动的商帮，经营的主要产品是茶叶，实行运销一条龙。当时南来"烟酒糖布茶"，北往"牛羊骆驼马"。晋商在福建、两湖、安徽、浙江、江苏一带购买茶山，同时收购好茶叶以后就地加工成砖茶，然后经陆路、水路两条路线运往各个分号，销往蒙古及俄国一带。船帮出现在清代中叶，主要经营商品是铜。当时我国产铜量极低，仅靠云南一地产的滇铜远远满足不了铸币的需求。在此情况下，山西商人组织船帮对日贸易采办洋铜。其中介休范家就是最为突出的"洋铜商"。晋商在利用"驼帮""船帮"经商的过程中，真可谓"船帮乘风破浪，东渡扶桑；商帮驼铃声声，传播四方"。

票号作为当代银行业的鼻祖，是晋商最大的发明和创举。中国历史上第一家票号是由平遥李家独资创办的日升昌票号，地址在平遥的西大街上，现在已经开发为"中国票号博物馆"。当时在日升昌票号的带动下，平遥、祁县、太谷人群起仿效，形成了平遥帮、祁县帮、太谷帮。祁太平三帮一度有"执全国金融界之牛耳"的美誉。据史料记载，当时全国51家大的票号中，山西商人开设有43家，其中晋中人开设了41家，而号称"白银谷"的祁县就开设了12家。在这些票号中值得一提的是祁县的第一家票号合盛元。在清政府近 300 年的时间里，几乎完全控制了中国金融业的命脉。1907 年，合盛元远涉重洋，在日本的东京、大阪、横滨、神户以及朝鲜的新义州等地设立票号，从事国际汇兑业务，开启了我国金融机构向海外设庄的新纪元。

五、清末——晋商衰落

如上文所述，官商结合的模式曾带给晋商巨大的经济便利和经济利益，但也正是因为官商结合，晋商逐渐走上衰落之路，可谓"成也官商，败也官商"。

随着朝代的更迭，社会环境的变迁，官商结合这种商业模式的交易成本和风险不断增加，高成本压缩了经济收益，很多商人便不再愿意为了微小的利益去冒险。尤其是清朝末年，官商相互依附利用愈演愈烈，一方面，晋商为了获得政治上的特权，不惜花重金去捐输买官，买官之后以官商的身份从事商业贸易，获取更多因政治因素带来的便利。另一方面，经受了鸦片战争和太平天国运动的清政府面临严重的财政危机，为解决财政之需，依附商业巨贾成为清政府的不二选择，就这样，晋商和清政府双方紧密联系，各取所需，他们"之间的联系越来越打成了解不开的死结，一荣俱荣，一损俱损"。《辛丑条约》赔偿白银 4.5 亿两，仍然由晋商票号汇解，这是一笔难得的大生意，晋商票号从此进入了发展的极盛时期（1902－1906 年）。几年后，辛亥革命爆发，晋商票号随着清王朝的灭亡而衰败。刘可为指出："与清朝政府联系过紧，脱离了商品经济的土壤，使山西票号成了清王朝的殉葬品。随着清朝的灭亡，晋商也随之衰亡。"

另外，随着近代中俄不平等条约的签订，中俄两国在 17－19 世纪中叶所努力维持的东北亚相对稳定的政治与经济秩序被彻底打破，作为晋商经营活动中最重要一环的中俄贸易——恰克图贸易，失去了得以健康发展的外部环境。再加上西方一些国家依靠一系列不平等条约的保障，不仅可以在华贸易，而且获得通商口岸，海上港口贸易冲击着中俄双边商贸的陆路交易，晋商因此丢掉了在俄的大量市场份额。情急之下，为挽回逐渐衰落的恰克图贸易，晋商不惜借给俄商大批款项，且没有相应的风险应对机制，结果损失惨重，甚至血本无归。自此，繁荣的晋商也走上衰落之路。

纵观晋商发展史，其历史之久、资本之厚、经营之广、创立票号、设立会馆驰骋商业 500 年，而且，在整个金融业领域达到前所未有的高度，成为世界闻名的商帮。即便是从整个人类的商业历史发展来看，"晋商现象"亦属罕见。

第二节　晋商商帮

商帮是我国历史上由于地域关系而联系在一起发展的商业团体，这些商业团体积累了大量的资本，并有各自发达的商业。鼎盛于明清这一商业高度发达时期的晋商，经营范围广泛，粮食、盐业、马匹、皮革、酒醋、土特产……无所不包括在内，晋商在称雄的过程中，先后建立了船帮、驼帮和票号三座丰碑，另外还有典商、盐商和粗布商。

一、船帮

清代中叶，晋商与日本的贸易往来主要用船作为交通工具，所以便将从事对日本贸易的商帮称为"船帮"。以山西省介休县（今山西省介休市）范家为主要代表。

清朝前期，中国铜的产地主要在云南，时称"滇铜"。在清代中叶，经济的飞速发展引发了货币流通量的激增，紧缺的货币市场需要大量的铜作为铸币材料。但是，当时我国仅云南出产铜，极低的产铜量与大量的铸币需求相差很大，根本无法解决货币供应滞后的问题，货币紧缺直接带来了物价上涨，铜钱比以往任何时候都值钱，升值高达 30%以上。货币紧缺，铜钱升值，使整个社会难以维持稳定。为解决这一问题，清政府施行"滇洋并举"之策，允准商人赴邻国日本购买铜斤作为补充。为了和国内的"滇铜"相区分，把从日本进口的这些铜称为"洋铜"。以介休范氏为代表的晋商，发现了其中的商机，主动找到政府承揽了这项业务。当时，由于从事对日洋铜贸易获利丰厚，范氏利用优厚条件和特权使采购"洋铜"的业务改归皇商垄断，晋商的"船帮"自此形成。随后，其船队便开始漂洋过海，赴日经营，前前后后从事对日贩铜贸易近70年。当时晋商船帮拥有商船15艘左右，而范家就有六七艘，占了近一半，往返于长江口和日本长崎之间，在对日贩铜贸易中占据绝对的主导地位，独占一半以上的进口量，获利极为巨大。

中国赴日本的大量采购，使日本的铜矿储备也开始告急，情急之下，日本政府对中国采取限购政策，并规定每年铜出口不得超过150万千克。这样一来，船帮在日本的交易周期被迫拉长、成本加大，导致利润减少，后来逐渐出现亏损，进口日本铜成为一桩亏本生意。此时，范氏想要退出洋铜贸易，依附于晋商的清政府怎么会同意呢？无奈之下，只能任政府摆布，接受贷款，开始走上亏本的道路，直至元气大伤，破产抄家而结束。

二、驼帮

驼帮是晋商中以马、骆驼运输为主的从事贸易活动的商帮，经营的主要产品是茶叶。在众多的晋商团体中，专门进行对俄蒙贸易的就是山西驼帮。他们通过驼队北上西行，把茶叶运往俄罗斯和蒙古等地。因其主要经营的产品为茶叶，故而又常被称为"茶帮"。

晋商对俄国的茶叶贸易最早发生于清雍正年间。清政府在恰克图的南侧建了一个中国风格的贸易商城，山西商人捷足先登恰克图，从四顶帐篷起家，从事茶叶贸易。边境的游牧民族以肉类为主，喝茶对清除体内油腻有很好的功用，这样一来，茶叶备受边境人民喜欢，需求量大。山西茶商瞅准这一商机，南下四川、湖北、安徽、浙江、福建、湖南等著名产茶省份经办茶叶。

为保证质量，山西茶商还在南方开辟茶厂，自己亲自种植、加工茶叶，使得这些茶叶在边境贸易中更加受欢迎。据《外贝加尔边区纪行》一书记载，山西茶商制作的砖茶，"在外贝加尔地区的一般居民中，饮用极广，极端必需，以至于往往可以当钱用。一个农民或布里亚特人在卖货物时，宁愿要砖茶而不要钱，因为

第一章 晋商概述

他确信,在任何地方,他都可以以砖茶代替钱用"。在最盛时晋商茶商有 100 多家专营的商号,根据清人衷翰的记载,"清初茶叶,均系(山)西客经营,由江西转河南,运销关外"。晋商在经营上抢占先机,再加上雄厚的资本,几乎垄断了当时整个茶叶市场,在中俄恰克图贸易中更具有优势。

后来,山西商人将这里开辟成当时世界闻名的贸易集散地,经营产品从茶叶发展到绸缎、丝绸等物品。

由晋商开启的中俄贸易,开拓出一条专门输送茶叶到俄的国际商道。该商道以中国南边的福建武夷山为起点,途经江西等 15 个省,最终抵达中俄边境恰克图,全程约 4760 千米。商业贸易的日益壮大,茶叶逐渐为更多的人所知所爱,销路也越来越广,传到了中亚和欧洲其他国家,使茶叶之路延长到 1.3 万千米,成为名副其实的"万里茶道"。

清乾隆年间,晋商在北部的茶叶贸易发展至鼎盛,直到咸丰时期,仍然保持鼎盛的态势。面对如此蓬勃的茶叶贸易,晋商却没有只把眼光放在北边,积极发展着南边的商业贸易。结合南方地理位置和市场需求,晋商开办杂货铺、药材铺,互通南北有无。另外,还开办了票号,如广生远、广懋兴、广益兴等都为晋商在广州设立的分号。

19 世纪后期,"万里茶路"开始逐渐衰落。一方面,由于俄罗斯政治势力对市场的干预,晋商在俄罗斯的传统茶叶市场相继失去,国内市场的很大一部分也为俄商所攫取。另一方面,从商业运输方式来看,一是随着中国沿海地区先后被迫向西方列强开放,清政府闭关锁国的海禁政策被废,海运贸易逐渐兴盛起来。俄商利用水陆并运的茶叶贩运路线,很大程度上降低了运费。二是伴随着中国近代化的不断加深,新运输方式——铁路的出现,彻底改变了过去数千年里依靠牲畜、人力运输货物的历史。俄的西伯利亚铁路及其支线的建成,使俄商经海参崴(现更名为符拉迪沃斯托克)转铁路运输不仅便捷,而且费用极低,而此时的晋商,不仅仍然靠传统的驼帮运输,而且深受厘金盘剥,这些商业运输模式的大变革导致以传统马匹、牛车、骆驼运输为主的"万里茶道"难以为继,最终渐渐消失于历史的长河中。

三、典商

典当业是明清时期形成的重要金融机构，也是晋商较早涉足的一个行业，在票号、账局、典当这三大经营放贷的行业中，典当的规模最大，可称全国之"典肆，江以南皆徽人，曰徽商。江以北皆晋人，曰晋商"。山西典当在明朝得以快速发展，在清朝达到鼎盛，兴盛一百多年，在典当总数、规模、类型、分布乃至资本等方面，都是历朝历代难以比拟的。

山西典商，又称"西典"，是晋商的重要组成部分。清代以来，社会环境、经济发展的变化等方面原因，促进了山西典商的飞速发展。

首先，社会风俗孕育了典当业的发展。始于南朝佛寺质库的典当业，随着社会的发展，于明清时期进入繁盛的发展阶段。封建社会，一直沿袭着"学而优则仕"的传统观念。"士农工商"四民中商为末等。山西人经商的历程转变了传统的价值取向，商业不再是被社会百姓所鄙视的行业。雍正时，山西巡抚刘于义上奏说："山右积习，重利之念，甚于重名。子弟俊秀者，多入贸易一途，其次宁为胥吏。至中材之下，方使之读书应试。"[①]经商不再仅仅是谋生的手段，而成为许多人热衷的事业，从中实现自己的价值。这种社会风气的影响之下，山西人的崇商观念日益增强。在众多的商业活动中，典当业因其风险小利润丰而成为山西商人青睐的行业。

其次，贫富差距催生典当业的发展。历史上，贫富差距一直存在，即使是"康乾盛世"年间，贫富悬殊依然存在，普通民众口袋里的资金甚至不足以果腹。迫于生计，一些农民靠贩运货物获得差价利润，但贩运货物需要一定的资金垫付，小生产者要保证正常运作也需要资金周转，这样，借贷便不可避免。农民和小生产者用家中贵重财物作抵押以换取一定的资金应急，典当以其便捷性发挥其救急、救贫的作用，深受贫商青睐而迅速发展起来。

最后，政策加推典当业的发展。明朝时期，明太祖朱元璋曾规定："凡公侯内外文武官四品以上官，不得放债。"[②]这条政策的颁布主要是吸取元朝灭亡的

---

① 《雍正朱批谕旨》，第四十七册，雍正二年（1724年）五月九日刘于义奏疏。
② 《明英宗实录》，卷六十六，正统五年（1440年）四月条。

第一章 晋商概述

教训，限制官员通过放贷谋得私利。这在一定程度上，促进了民间典当业的发展。明永乐以后，政府又多次重申这一禁令。中国典当业进入了一个民间经营占主导地位的历史阶段。清朝时期，政府大力鼓励开设皇当和官当，雍正时期，清政府还建立"生息银两"制度来支持典当业的发展，官方通过放贷给商人而收取利息，还通过自开当铺、官商合办当铺等方式营利。据史料记载，在清朝，只山西一省投入典当生息的资金不少于白银98万两，其中社会性基金约白银21万两，官款约白银77万两。典当以一分接入三分贷出，仅此生息银两一项每年就可获利白银20万两之多。由此可见，政府的扶持，极大程度推动了山西典当业的发展。

典当属金融业，明清时期山西典商的发展，与经济发展是密不可分的。

首先，清朝的政治、经济、文化都较封建社会前期发生了翻天覆地的变化，资本主义萌芽，带来了商品交换的日趋繁荣，加之当时赋税折银征收、俸禄折银发放，这些都需要大量的货币，这样，属金融业的典当日渐发展起来。可以说，货币经济的发展催生了典当业的发展。

其次，典当作为抵押放贷的金融机构，需要大量资金来保证其正常运转。一方面，足够的货币储备才能满足放贷的需求；另一方面，伙计的工资、当铺的设施、安保等也是一笔很大的开支。山西商人雄厚的资本是典当生意顺利发展的基础。早在明代，山西商人的资本就超过了十大商帮中可以与晋商媲美的徽商。到了清代，山西各县涌现出许多富商，仅介休、太谷、祁县、榆次等地拥资有白银多则700~800万两，少则30~40万两的财东就有14家。[1]

据史书记载，"山西太谷县孙姓，富约二十万，曹姓、贾姓富各四五百万，平遥侯姓、介休张姓各三四百万，榆次许姓、王姓聚族而居，合计家资各千万。介休县（今山西省介休市）百万之家以十计，祁县百万之家以数十计"[2]"山西富户，百十万家资者，不一而足"。[3]可见，晋商雄厚的资金实力是其开设典当的坚实

---

[1] 徐珂. 清稗类钞（第五册）. 北京：中华书局，1984.
[2]《军机处录副奏折》，《广西道监察御史章嗣衡奏折》，咸丰三年（1853年）十月十三日。
[3]《清高宗实录》卷之一千二十七，乾隆五十一年（1786年）六月庚寅。

的经济基础。

兴盛于明清的山西典商,在经济和政策双重有利的条件下蓬勃发展。不仅当铺日益增多,而且形成了新的经营模式,呈现出独有的特征,一度达到封建社会金融业的顶峰。

1. 数量多

在清代,山西开设的典当行数量居全国第一,占据了中国典当业的半壁江山。据史料统计,雍正二年(1724年),山西典当行数量位居全国第一,共有2602家,约占全国总数的26%。乾隆十八年(1753年),全国共有当铺18075家,山西省5175家,占全国总数的28.6%。[1]清光绪年间,尽管有中日甲午战争带来的时局动荡和《马关条约》带来的劣势,但山西典当依然能够维持,在光绪十年(1884年)前后,北京以外的当铺总数大约7000家,山西省就占了1713家,可见山西典当在全国的重要位置。

山西不仅当铺开设多,从业人员也是最多的,其中灵石、介休、孝义人尤为擅长。"清代天津、北平、山东、河南、张北等地,其典当几乎全系晋商所经营,……在前清末叶,上述各地之典当亦有他省人投资而转让者惟掌铺伙友等,仍以晋人充当,其中以灵石、介休人居多。"[2]"山西灵石县杨氏,巨族也,以豪富多,在京师开设当铺七十余所,京中人呼之当杨。"[3]从这些资料可以看出,从清代开始,山西典商不仅经营着省内几乎所有典当行业,而且在省外也得到长足发展。

山西典当制定了适合自身发展的人事制度——紧七慢八。根据雍正二年(1724年),山西典当铺2602家、乾隆十八(1753年)、山西省典当铺5175家来看,如果以7个人粗略估计,那么雍正二年(1724年),全省约有18214人从事典当行业,乾隆十八年(1753年),全省有36225人左右从事典当。这只是在山西境内从事典当业的人数,从全国来看,其他各地从事典当业的大多非本土人士,而是山西人,

---

[1] 罗炳绵. 近代中国典当业的分布趋势和同业组织[J]. 食货月刊, 1978, 8 (2).
[2] 陆国香. 山西之质当业[J]. 民族. 1936 (4) 6.
[3] 王韬:《窟谰言》,"江楚香",光绪六年(1880年)印本。

这样，从事典当的山西人的数量要远远超过36225人。

2. 分布广

山西商人开设的典当行不仅数量多，而且分布广。北到库伦（现蒙古国首都乌兰巴托）、恰克图；南至东南沿海；东至辽东和山东半岛；西至迪化（现乌鲁木齐）、喀什……都有山西典商的身影。从繁华的都市到县乡市镇，都能看到山西典当业的招牌。山西省内典当几乎遍布各个县，其中晋中最多，晋北次之，晋南最少。大同、忻州、太原、阳曲、武乡、长治、晋城、榆次、太谷、祁县、平遥、介休、孝义、洪洞、临汾、曲沃、闻喜、襄汾，形成山西境内贯通南北的山西典商一条线。

随着经济的繁荣，山西典商的活动范围进一步扩大，在北部的蒙古地区和西北地区的活动尤为活跃。明清时典当最盛之处当数北京。咸丰年间，北京有159家当铺，其中，有109家是山西人开办的。在天津，"晋商扶其资力，接踵来津开设典当者甚矣，斯时人民诚朴，地方安谧，十当九赎，且衣服宽大，不虑死当，当庚子事变前，城乡当铺统计有四十四家之多，营业颇佳"。① 在西宁由山西人独立经营的有北大街统心当、南大街益成当、石坡街世诚当三处。在蒙古，山西人几乎垄断了典当业，当时著名的五大当铺为复源当、义源当、复盛当、明远当、聚丰当，股东均为山西人。另外，在吉林、黑龙江、山东、河北、陕西、甘肃、宁夏等地，也遍布了山西典商的足迹。

在南方，山西典商也占有一席之地。据资料统计，道光二十三年（1843年），湖北黄陂、襄阳、光化三县开设当铺50座，山西商人开设的有20座，占总数的40%。湖南常德市，山西人开办乾丰益、义昌恒两家典当行。② 道光九年（1829年）前后，安徽颍州（今阜阳市颍州区）府阜阳县"商无居奇大贾，城乡闾阎中恒多晋人，水次集豆麦时，始有淮扬豫远贩至，然亦恒有土著习其业"③。另外，山西典商的典当业还覆盖了江苏、浙江、云南等省份。

---

① 吴石城. 天津典当业之研究[J]. 银行周报，1935，19（36）.
② 常梦渠. 近代中国典当业[M]. 北京：中国文史出版社，1996：358.
③ （清）刘虎文，周天爵修；李复庆等辑《阜阳县志》卷五·风尚志·习尚，清道光九年（1829年）刻本.

3. 经营合

典当行业有丰厚的利润，也存在"死当"等风险。为了获得更大利润的同时降低风险，山西典商在经营模式上采取合伙制和合股制。合伙制前文已作叙述，指的是由一人出资，并由出资者选择伙计（合伙人），将资本交由伙计去完成商业贸易。当时的伙计或合伙人身份类似于现代企业的职业经理人。光绪九年（1883年）山西某翁氏父子在江南所开六典"一切照西典古法……"，有言及财者，翁则云："另有财东，我不过受托为主管而已。"[1]与合伙制不同，合股制则是将投入商业贸易的总资金分为若干股，参与投资的出资人称为股东，股东可以根据自己的财力或意愿自愿出资入股，持有的股数不同，获得的利益不等，在享有知情权、表决权、监督权等一些权利的同时，承担一定的义务。山西典商在内蒙古开办的五大著名的典当行中，复源当、义源当、复盛当、明远当四处均为合资，在青海西宁，有山西人和陕西人合营的典当行两处——庆盛当和益恒当。

4. 资本厚

从山西典商典当行开办的数量和覆盖的范围可见其规模之庞大，如此大规模的经营运作与山西典商雄厚的资本是分不开的。清乾隆年间，本金1000两的当铺属于村镇小当铺，4000两的是中等城市小当铺，8000两的属于大当铺了。清光绪九年（1883年），山西商人在南京、苏州各开了两家当铺，在扬州开了四家当铺，每家当铺供放贷的资金达白银20万两，远远高出全国当铺拥有资金的平均水平。坐拥千余万两资本的太谷曹家在各地开设当铺，其中，济南开设有瑞霞典等四家当铺，在徐州设有锦丰庆、锦丰典。曹家典当赢利颇多，仅北洸村三家小当铺，每年赢利就达6000余两。又因有"皇本"（官家股本）参与，常常有扩充实力、鲸吞小业之举。徐州的小典当业就经常因资金周转之需，将物品转当于曹家的锦丰庆。[2]单从山西典商开办典当行的投资本金可以看出其雄厚的经济实力，加之前

---

[1] 刘建生，王瑞芬. 浅析明清以来山西典商的特点[J]. 山西大学学报（哲学社会科学版），2002（5）：14.
[2] 聂昌麟. 太谷曹家商业资本兴衰记[A]. 山西商人的生财之道[C]. 北京：中国文史出版社，1986.

文中我们提到，山西典商从省内到省外，从南到北，足迹遍布全国，空间跨度之大，没有足够的资金保证，是不可能实现顺利经营的。

清末，社会的动荡在一定程度上阻碍了经济的发展，在全国经济低迷的大环境下，山西典商在数量、规模等方面都呈衰退趋势。就省内来讲，典当行不仅在数量上骤降，规模上萎缩，而且经营业务也开始缩小。在省外，在当初典当行分布较多的北方地区，天津、河南、内蒙古等地的数量、规模、分布状况日趋萎缩。

四、盐商

被后人称为晋商祖师的猗顿贩盐开启了商界的经商大门。生活于诸侯争霸背景下的猗顿难以维持生计，得陶朱公指点，养五畜积累了丰厚的资本，但他并不安于现状。古郇山下的河东盐池给了他制盐贩盐的灵感，盐池独特的自然地理环境，给制盐带来很多便利，不熬不蒸，光靠风吹日晒就可结晶成盐，节约了很多成本，而且盐的品质非常好、产量高。为了将制好的盐运输出去销售，猗顿组织开通了两条运输路线，而自身拥有的庞大的牛群、马群，又是很便利的运输工具，这些条件，保证了盐这一生活必需品的顺利运输销售，猗顿从中获得了巨大的经济利益。

盐作为生活必需品，是政府和百姓最关心的物品。明朝时，政府通过控制盐引获得商人提供的服务，商人则利用官家给的盐引，通过贩盐从中获利，这就是当时实行的"开中制"。为了抵御外敌而设的九边重镇距离城镇遥远，所有军需用品得通过内地运输，漫长的路途带来的是高昂的运输费用，这是政府不愿意承担的。于是，政府便利用盐做文章，鼓励商人将粮食运至边关，根据运粮多少换取相应的盐引。

在当时，盐引是换盐的唯一合法凭证。换取的食盐再销往晋南、河南、陕西等地时销售价格政府不再管控，这中间就有巨大的利润空间。山西商人从中获利颇丰。这极大地激发了他们通过边关大量的粮草运送以换取更多的盐引的积极性。然而，河东盐池虽达90万平方千米，但产盐量已无法满足盐商频繁的换取，导致盐商手中空持盐引无法兑现，"粮中盐"再也维持不下去了。于是"叶淇变法"用

文艺美学视域下的晋商文化

"折色制"取代了"开中制",不必再用粮食换取盐引,而是用银子换取盐引,这一做法更加便捷。

对商人手中的空引,政府也采取了妥当的办法予以解决——将空引编成十组,每年兑换一组,十年兑完。所兑盐引可以到全国任意一家盐场支盐。山西商人再一次被激发,由省内的食盐贩卖发展为全国性的贩盐大军,从中积累了更多的资本。晋商中盐商的典型代表人物有山西平阳府(今山西省临汾市)的亢氏,人称"亢百万",其沿河建造的房屋,长 0.5 千米,专门囤积商货。介休的范氏也是有名的盐商,绵山的妈祖庙,就是范家修的。明清时期,山西的盐商遍布全国,至今在四川内江、云南大理等地都能找到山西盐商留下的痕迹。

从盐商的整个发展过程来看,盐商主要是靠政府获得经营盐业的许可,因此当年盐商和政府的关系非常密切,形成官商结合的运行模式,这种官商结合的关系不仅为盐商的经营给予方便,而且为其垄断、牟取暴利提供保证。"成也官商,败也官商",盐商虽然有巨额的利润但其实也要负起巨大的责任。从康熙到乾隆时期不仅盐税增长了一倍多,而且下至地方上至朝廷的各级官员都想从中分红。当时,地方官员到任要孝敬,修整衙署、添置家具,盐商全部都要报销,甚至一张纸也敢报千两银子,这些盐商却只能敢怒不敢言。1773 年至 1804 年,报销额接近 2700 万两白银。朝廷方面也是一直把盐商当作圈钱的工具,每当国家军需、赈灾、河工之时,盐商需要以"捐输""报效"之名向朝廷提供几十万甚至数百万银两,在嘉靖年间的白莲教起义,两淮盐商就捐银 800 万两以上。皇上有了皇子要出钱,过寿也要出钱,乾隆多次下江南下旨不让户部花一分钱,所有的钱大部分都是盐商负担的。但其实这些还能够忍受,最重要的还是清朝后期一次大的变动给了盐商重重一击。

太平天国运动不仅严重打击了清朝的统治,也给盐商造成极大的冲击。两淮盐场几乎停滞,因为战乱,官绅能不再给予盐商过多的庇护,私盐日益盛行,官盐在市场的占有率迅速下滑,一度降低到 40%以下,但是钱还是照样交的,盐商在那几年亏了 3000 多万两白银,再加上盐法改革不再世袭,所有人只要交税都能够获得贩盐资格,所有这些导致存在百年的盐商迅速瓦解。

五、布商

历史上，山西并不是主要的棉产区，山西布商在明清时期却是活跃于中国布匹市场的重要商帮，当然，这与当时山西人浓厚的经商社会风气是分不开的，但更多的是得益于政策的扶持和整个市场对布匹的强大需求。

在政策方面，明清政府大力推行桑、棉、麻的种植。明洪武元年（1368年），朱元璋"下令凡民田五亩至十亩者，栽桑、麻、木棉各半亩，十亩以上倍之，麻亩征八两，木棉亩四两，栽桑以四年起科，不种桑出绢一匹，不种麻及木棉，出麻布、棉布各一匹"[1]，将桑、麻、棉列为赋税对象，以强制手段推广种植。洪武二十七年（1394年），太祖皇帝下令民间如有闲置的土地，即可种植桑枣、木棉，并派专人授予种植的方法，免除赋税[2]。太祖皇帝的这一政策，极大地激发了民众的植棉热情。之后历代，这一政策一直延续下来，桑、棉、麻的种植渐渐在全国推广开来，总产量日渐攀升。有了大量的桑、棉、麻原材料之后，为满足市场的布匹需求，明清政府将精通纺织的官员派到民间，教广大人民如何纺织。明朝政治家吕坤在榆次、太原积极推广纺织政策，尽心竭力教授纺织技术。具体操作为：首先由州县卫所衙门贴出告示，告诫民众五月半畦桑葚，六月半压桑条，并派人亲自督查，违者重究。等到栽种桑树之时，掌印官亲自带二三人下乡检查，根据民众栽种的实际情况进行赏罚。

同时，掌印官会带领十几名木匠，教授乡下的木匠制作纺车织机，并在市场上售卖。织布所需的棉花先由官府买进，每家一斤，由掌印官记载在册，分发给民众纺织。织出布匹的好坏，也有一定的奖罚政策。"先完及线细者，花价免追充赏。十日之外完及线稍粗者赏价一半。二十之外完及线粗者，花价全纳，一月之外不完者，罚花一斤。"[3]赏罚分明的纺织政策极大地提高了民众的积极性，纺织技术日趋精湛，效率也不断提高。这样，桑、棉、麻的大量种植，山西纺织技术的提升，不仅保证了自给自足的需求，还有多余的布匹可以投入市场售卖，这就

---

[1] 张廷玉. 明史（卷七八）·食货志[M]. 北京：中华书局，1974：1894.
[2] 夏燮. 明通鉴. 卷十[M]. 北京：中华书局，1959：467.
[3] 吕坤：《吕公实政录》，明万历二十六年（1598年）赵文炳刻本。

为山西布商的兴起创造了有利条件。

布匹作为生活必需品——服饰的主要用料，在当时的整个社会经济中占有重要地位。无论是普通百姓还是军营中兵士，衣着、被褥都需要大量布匹，所以，在明清时期布匹成为很大的消耗品。学术界普遍认为，早在明代中晚期，大约万历年间，中国人口已突破一亿大关，清前期受战乱和自然灾害的影响，人口基数没有显著增长，康熙中后期人口逐渐增加，达到1亿～1.5亿，道光时期人口达到4亿多，此后人口仍呈不断上升趋势[①]。不断增加的人口需要大量的布匹来满足遮体、保暖的需求，布匹贸易日渐繁荣。山西布商抓住机遇，开设了许多布庄、布铺，专营棉布、潞绸，一时间成为北方布匹贸易市场的主要经营者。明清两朝，政府的布匹消耗量巨大，其中，一半甚至一半以上用于北部边镇军队消费。如此大的数量，山西的棉布产量远远无法满足。此时，山西布商参与进来，远赴江南采购布匹，以满足军需棉布需要。极大的市场需求，成为山西布商发展的强大动力。

山西布商兴起之初，主要依靠牙行从事布匹的收购活动。随着资本的积累，布商逐渐摆脱了对牙行的依赖，自己开设布庄、布铺。布商贸易也由行商转为坐贾。布商开设的布庄、布铺多采用合伙经营的模式，尤其是社会资本合伙，与商号直接联系，不仅为布铺提供了充足的资金，而且扩大了客源，使得布铺可以平稳运营。清咸丰年间，山西布商采用将布匹与其他产品混合经营的发展模式，这不仅增加了产品种类，更大程度上满足顾客的需求，而且有利于获得更大的利润。清中后期，混合经营的模式成为山西布商发展的趋势。

随着商业贸易活动的发展，山西布商经营的布匹种类日益丰富，有潞绸、榆次大布、棉布、洋布等，同时，贸易范围也不断扩大，主要集中于北京、天津、河北、陕西、山东、内蒙古等北方市场，同时涉及湖北、江苏、四川等南方省份，可以说几乎遍布全国。此外，布商还将足迹延伸到日本、俄罗斯等地区，积极开展国际贸易。

清朝中后期，处于内陆的山西布商，受到洋布商的猛烈冲击。洋布以低廉的价格抢占了中国大部分市场份额。虽然山西布商也试图售卖洋布，但远离通商口

---

① 成雁鸿. 清代山西布商研究[D]. 济南：山东师范大学，2020：17.

岸的自身局限，使他们必须先从中国区的洋布代理商处批发来洋布再加以销售，无形中增加了成本。加之要与其他洋布商争夺市场，并没有明显优势。再加上明清时期，政府的各种苛捐杂税导致织造者收入微薄，甚至在清顺治十七年（1660年），出现了"焚机罢市"的现象，直接导致山西布商减少。另外，在咸丰三年（1853年），清政府实行厘金制度，厘金是清政府征收的商业税，起点高且逐年增加，无形中也加重了布商的经济负担，制约了布商的发展。清末，在晋商总体势力衰弱的情况下，山西布商也逐渐走向衰落。

第三节　晋商票号

随着晋商的发展、贸易的需求，大量银钱远途交易也越来越呈现出极大的局限。为了安全、便捷，晋商创办了票号。票号，是山西商人经营的钱庄，经营存款、放款和汇兑业务，其中，以汇兑为主要业务。票号的出现，可以说是晋商发展的巅峰阶段，也是晋商商业贸易活动发展的必然结果，是中国金融史上的大事件，它标志着近代金融业的三大基本业务——存款、贷款、汇兑在中国传统社会中孕育、初现。票号产生及发展，不仅是晋商商业贸易发展到一定阶段的产物，也是中国金融业发展的产物。

在中俄贸易中，晋商能够大放光彩，实现对商业贸易中金融资本的控制，晋商票号功不可没。这一类似现代银行的机构在很大程度上解决了晋商跨境贸易中的资金流转问题。从此，晋商再无后顾之忧，在边境贸易中得以大展身手。

一、山西票号起源

明清时期，资本主义的发展推动着金融行业的日益壮大。清朝时期的北京、山西和一些南方地区就已经出现了经营存、放款的金融机构，也就是当时的账局，也称账庄。我国最早的一家账局是清乾隆元年（1736年）山西汾阳商人王庭荣出资四万两白银在张家口开设的"祥发永"账局，可惜当时活动范围窄，各方面尚不够完善，没能获得长足的发展。

随后，出现了更为完善的银行金融机构——票号。于是，发展票号成为热潮，所有活跃在中国商贸舞台的商业团体都有机会创办票号。率先尝试发展票号的是来自山西的颜料商人，创办了山西最早的金融商号——山西票号。后相邻县镇商号纷纷效仿，渐成地域商帮特色。晋商票号业务网点曾经遍布全国各地，甚至扩展到国外，下涉百姓生活，上达国家部门运行，资本富可敌国，把我国银行业推向新的发展阶段。

1. 商品经济和信用服务的发展呼吁票号问世

明清时期工商业发展迅速。

一是自有资本的不足急需借贷业务的展开，金融业已经形成的商业信用和可以通畅流通的工商汇票，为票号一开始经营票汇提供了可资借鉴的经验。

二是由于商业信用在规模、方向和期限上的局限急需经营存、放款业务的金融机构出现，在清雍正、乾隆时期，产生了经营工商业存放款业务的账局，为票号经营提供了经验。

三是随着经济的发展，特别是嘉庆年间国内外贸易日渐繁荣，货币流通量增大，运送现银结算，不仅不安全，而且也不现实，这就对票号的产生提出了一些客观要求。

四是账局、民信局的产生有利于票号的发展。民信局的业务范围包括寄递信件、物品、经办汇兑，主要的服务对象是商业行庄，为银行业经营埠际汇兑提供了有利条件。

1821年，山西商人雷履泰和李箴视创立了"日升昌"票号，并在各地设立分号，主营异地汇兑，兼营存、放款业务，实现了款项的异地汇兑。晋商票号发展至后期，与官府相互依附，各项业务随之与官府联系密切，存款以官款为主，放款一般只对钱庄或官吏，不办理小额现金业务。票号收入来源主要包括汇费收入、平码银色和利差收入。

2. 劳动分工催生山西票号问世

分工经济需要货币的存在，货币出现之后，没有银行或票号时，资金的供求双方直接交易，效率很低。票号的出现则极大地提高了资金的交易效率，推动了经济的发展。分工和商品交换促使货币产生，货币余缺的调剂产生了货币信用，货币信用走向集中产生了票号，票号产生之后，极大地促进了经济发展。明清时期，晋商鼎盛，商品经济获得大规模的发展，这就对资金形成了客观需求。各地出现了以商品交换为目的的生产活动，地域分工进一步发展，不仅有众多地方性市场兴起，而且全国性大市场也逐步形成。到清乾隆年间出现了"东苏州、南佛山、西汉口、北京师"的盛况，国内地区间贸易往来日益频繁。由海路联系的国内外市场非常活跃。

与此同时，陆路的中俄边境贸易在《恰克图界约》签订之后也得到大力拓展。在大的商业城市与交通枢纽形成的背景下，商品经济蓬勃发展，必然会对资金产生大量的需求。因为一方面商品流通速度加快，必然要求货币流通速度加快，同时跨地区间的贸易日益频繁，这都要求汇兑的专业化。另一方面商品市场中的经营者的资金周转对货币提出了新要求，原来当铺等高利贷性质的金融形式不能满足人们的需求。

二、山西票号的发展历程

山西票号在我国金融史上具有重要的位置，票号的兴起得益于山西出产盐、铁、煤等物资，在自给之外还有富余，因此远销于外省，换得的现银需十分谨慎地运送保管，于是山西票庄开始兴起。19世纪初，山西平遥人雷履泰在天津开设西浴成颜料铺，需往返于四川天津之间贩货，大量的现银运输非常不便，而且也不安全，于是产生创立汇兑的想法。当时，商人便把大笔资金存放在浴成商号的一个分号里，由分号掌柜写好字据作为凭证，然后到中号凭所存分号开具的文书取出所寄存的银两，不仅便捷而且安全。

于是，浴城商号分号负责人就向总号提议，改颜料庄为专营银两汇兑的票号。总号采纳了这个提议，于清道光初年，将颜料铺改成日升昌票号，总号设在平遥。这是中国第一家专营存款、放款、汇兑业务的私人金融机构，可谓开中国银行业之先河。

道光七年（1827年），祁县合盛元茶庄改成票号，继有大德通。太谷志成信绸缎杂货庄改成票号，其余各地也逐渐开设票号，形成系统的山西票号体系。这些票号随着晋商的足迹走出国门，在俄国等地扎根，提升了晋商的国际影响力。票号存在的百余年间，山西票号一直占主导地位。

晋商票号发展总体来说可分为四个时期。

1. 晋商票号的发生、发展阶段：1821—1861年

1821年，平遥人雷履泰将其颜料庄改组为日升昌票号，成为全国第一家经营存、放、汇兑业务的金融商号。在1827年前后，介休县（今山西省介休市）北贾村侯家将在平遥城经营多年的五个商号改营为票号，组成了著名的蔚字五联号。它们初步形成了中国票号中最早的平遥帮票号。

同年，祁县合盛元茶庄改为票号，继有大德通票号，为祁县帮票号；太谷志成信绸缎杂货庄改成票号，再加上协成乾等构成了太谷帮票号；到19世纪60年代，三帮共有票号14家，分号27家，票号以京师为中心，以内陆商埠为中心，业务重心集中于北方。

2. 票号发展的兴盛期：1862—1893年

这一时期，国内外贸易量迅速增加，中国的贸易中心也由广州移至上海。在这样的背景下票号的业务量不断增加，分号迅速向上海、杭州、厦门等东南沿海辐射外，还向黑河、四平、昆明、乌鲁木齐等东北、西南、西北等许多边远地区发展，以顺应日益扩大的贸易需求，此时在全国主要贸易重镇都有晋商票号的足迹。可以说，晋商票号在全国形成了一个四通八达的汇兑网。同时晋商票号所从事的金融业务既有国内的南帮票号和钱庄的竞争合作，也有来自外商银行的挑战。

1865年，以英国汇丰银行在上海设立分行为代表，19世纪60年代外行在华开设了40多个机构，到19世纪70—90年代，外行又增设了45个机构，形

成了广泛的金融网。外商银行采用新技术和近代金融组织方式，与票号形成竞争关系。

3. 晋商票号发展的极盛和危机期：1894—1911年

这个时期的晋商票号开始了在国外设庄的历程。1901年成立的永泰裕票号，率先在印度的加尔各答设庄；1906年成立的平遥宝丰隆也在加尔各答设庄。此阶段的晋商票号在国内的总号数和分号设立基本定型，由于甲午战争和八国联军侵华等战争影响，晋商票号业务遭受到沉重打击。

这一时期，借助坚船利炮，外商银行在中国设立的分行逐渐增多。较大的外商银行有英国汇丰银行、美国花旗银行、德国德华银行、俄国华俄道胜银行和法国东方汇理银行。同时，由于清政府对货币制度进行改革，官办银行相继成立，这些对晋商票号业务也都形成了沉重打击。这一时期，晋商票号的经营环境已经隐藏着危机。

4. 晋商票号的衰败期：1911—1921年

这一时期影响晋商票号的主要因素是由于辛亥革命带来的政权更迭而产生的信用危机。晋商票号历来靠信用放款，社会动荡之下款项难以收回，同时各地票号又遭遇挤兑风潮，再加上由于战争，各地治安环境日益恶化，土匪蜂起，晋商票号的金银财物损失惨重，晋商票号遭受打击，纷纷宣告倒闭破产。之后，虽有有识之士试图将晋商票号改组为银行，但由于种种原因未能实现。至此，晋商票号退出了历史舞台。

三、山西票号的特征

1. 诚信为本

儒家文化一直以来作为中国传统文化的主流，其基本的道德准则可以用"仁、义、礼、智、信"来归纳，其中，"信"在中国传统伦理道德中，被视为立身之本，成事之基。深受儒家思想浸润的晋商，承袭了儒家的道德准则，以诚信为保障，这也是晋商票号的重要特征之一。

文艺美学视域下的晋商文化

晋商票号在经营活动中，以诚信为本，将诚信作为最基本的商业道德，恪守"君子爱财，取之有道""诚招天下客，义纳八方财""仁中取利真君子，义中求财大丈夫"的生财底线。只有讲求诚信才能近悦远来，取不义之财只会自塞财源，晋商深知其中的道理，所以，在商业往来中，晋商始终奉行"义在利先，以义制利"。

民国时期，在阎锡山的控制之下，山西省内流通的纸币为"晋钞"。中原大战爆发后，为满足战事需要，大量发行"晋钞"。大战以阎锡山兵败告终，这一结果直接引发了"晋钞"贬值，物价上涨。雪上加霜的是，重返山西的阎锡山为巩固经济采取新币兑换"晋钞"的举措，兑换比例却相当悬殊，晋新之比为250000：1，这让存款户损失惨重。本可以按照政策大赚一笔的乔家票号"大德通"却没有这样做。老掌柜乔致庸说，我们亏了，尚可衣食无忧，老百姓的这些钱都是活命的钱。因此宁愿倒闭，也不愿储户受损。就这样，乔家拿出家中的全部积蓄，用新币付给存户，使得存户没有因为晋钞贬值而吃亏，而乔家却亏空数万两白银。

晋商因讲诚信而崇尚关公文化，在明清时期达到高峰。一直以来，晋商票号以"关公"的忠诚、效忠、报恩等观念维系经营关系。关公本名关羽，是山西运城人，以"忠""义"形象传世，晋商把关公打造成财神加以供奉，按照"诚信为本，以义制利"的经营理念，只要诚实守信讲义气，就没有做不成的生意，认为只要坚持"以义制利"，财源自会滚滚而来。票号企业治理结构最显著的特点是"东伙制"，东家（财东）在处理与大掌柜（总经理）的关系时以"用人莫疑，疑人莫用"为宗旨，被东家赏识的大掌柜，则会以忠义报答知遇之恩。这种企业治理结构带有浓厚的"信义"理念。

2. 担保为证

以诚信为基础的晋商，掌柜与东家之间无论是雇佣关系还是经济关系，都以信用为先，所以，晋商在用人方面尤其慎重，寻求可信赖的大掌柜对票号来说至关重要。东家在聘用大掌柜之前，对大掌柜人选要作全面考察，经历、人格、品德、业绩甚至祖宗三代都是必要的考察内容。甚至要"多人联保"，再经过长期的考验和试用，然后才能正式聘用。招收伙友则要在同乡中遴选，要"知根知底"，还要有保证人。

本地人策略的用人制度，在票号创建初期是一种有效的制度安排，通过保人举荐，提高了信息质量，减少了征信成本。用事前的严格甄别代替事中的监督，也降低了代理成本。另外，晋商票号实行"号内职工一律不准携带家眷"的号规，加之用人本地化，发挥了"人质"抵押的效应，有效地利用了社会资本的价值，以降低代理人道德风险。

3. 股权激励

晋商票号在经营实践中还建立起了一种有效的激励机制——顶身股制。顶身股在企业的股份构成中分为银股和身股。出资人因为投入资金，所以为银股，商号中的掌柜和资深职员凭借自身劳动赚钱，不出资金，为身股。身股为纯粹的收益股份，以一俸相当于银股的一股，一般大掌柜顶一俸，二掌柜以下到资深职员，根据工作年限和表现分别顶九厘以下的不同等次。

顶身股最大的优势就是没有资金也可以入股。大掌柜一般知识技能水平相对较高，且有一定的业内经验，能够创造较高的利润，他们的报酬绝不仅仅局限在劳动所得，他们的人力资源就是入股的资本，参与东家的分红，资深职员也同样可以将自身劳动力作为入股资本，参与分红，也就是说，只要工作出色就可以入股分红。这样，从上而下形成一个利益闭环。"顶身股"制度不仅关系着票号经营的好坏，而且关联着"银股""身股"的切身利益，每个人的付出不是为财东，而是为了自己获取更多的利益，所以，"顶身股"持有者通常都以主人翁自居，主动关心票号的经营状况，极大地调动了经营者的积极性、主动性和创造性，从而为山西票号的经营管理注入了强大的微观动力与活力。

4. 政府信用

政府作为公众形象，是公众利益的分配者和维护者。政府信用是社会信用体系的一个主要内容。晋商在长期的经营活动中，以政府信用为最强大的担保。如祁县大盛魁使用的"印票"，实际上就是以政府信用为基础的。大盛魁主要在北部民族地区从事商贸，在与蒙古牧民交易中主要采用赊销办法，规定期限，到时清还。而欲赊销者，须持有地方官吏负责担保的约据，上盖地方政府印章，俗称"印票"，交给大盛魁，方可成交。印票上还要写明"父债子还，夫债妻还，死亡绝后，由旗公还"。票号在交易对象的选择上偏好于大商号，特别是注重与达官贵人的结托，尤其是发展到中后期主要以清政府业务为主，体现了在社会动荡中对政府信用的倚重。

5. 重复博弈

票号的信用关系是建立在重复博弈基础上的。重复博弈中隐含着一个重要的前提就是受授信双方行为的历史可观察性。授信主体首先根据自己的判断认为授信主体可信时，先给予信任，这种初始的信任是授信方的一种"自发性投资"。如果这种"自发性投资"得到授信方的守信回报，就会引致授信方的进一步投资。如果这种循环持续下去，就会形成一系列的"引致信用"。这种连锁信用反应是一种自强化机制，既可以使信用在交易中不断增强，也可能使信用在交易中不断减弱。

在现实交易活动中，人们是通过交易主体的信用历史来判断其是否可信的。因为市场规模庞大，单个经济主体不可能与所有的其他主体都有长期的交易关系，而确定一个经济主体的信用，主要依赖于它与市场上其他主体的交易经历。由此就使信任作为信用的载体，从交易开始阶段就必须存在，使得信任的行为朝着历史经验的方向发展，信用具有明显的路径依赖偏好特征。

四、山西票号的功能及意义

票号是资本主义生产关系的产物，因最开始经营汇票业务，所以称"票号"。票号的产生给商人出行和资金携带带来极大的便利。山西人创立的票号，也是以汇兑为主营业务，同时兼营存款和放款业务，在发展过程中通过不断创新来进一步完善自己。因为汇兑发生在异地之间，冒兑、假票的发生严重损害了主客双方的利益。为维护主客方利益，山西票号便应商家要求代商家核查汇款人和取款人的身份。如果取款人生疏，汇票上便会加盖"面生讨保"的戳记，找人作保才能完成取款，保障了商家的利益。假汇票在票号中也时有发生。为保证真汇票的有效性，山西票号统一使用在山西平遥总号印制的"会票"，纸质为麻纸，上印红格绿线以防伪。另外，还规范了汇票的书写内容，并且内容责成专人书写，通过格式和笔迹来辨别真伪。后来，又对汇票进行密押，有效地打击了假汇票。就这样，山西票号完善的服务体系帮助其完成了全国范围内甚至海外的汇兑业务，不仅省去了交通运输的巨大成本，还将资金运输风险降到最低，从此晋商经营再无后顾之忧。

山西票号作为晋商的金融创新，以当时晋商在全国甚至国外的影响来看，这可以算得上是金融界发生的一场大革命了。在低风险、低损耗的同时，能够积极应对贸易资金的周转与流通。特别是晋商在清朝末期发起的汇通天下的壮举，是中国金融银行业在国内流通的最早的尝试。山西票号的出现使晋商在某一程度上不再是单一货物运输与贩卖的商帮团体，而是集商品营销、金融汇兑、存储放贷为一体的庞大的、综合性的商业集团。

第四节　晋商会馆

会馆出现于明朝前期，是由同乡或同业组成的封建性团体。最初的会馆，是供身在异地的同乡人聚会的场所。随着商品经济的发展，会馆的建立逐渐呈现出新的发展趋势。明清时期，晋商修建的会馆，在中国各地都有分布。它是以同乡、同业为基础，以传统道德为指向，以经常性的聚会、酬神、会戏为内容，自发形成的一种民间组织，是社会、经济发展的产物。

这样的定位赋予了会馆一些义不容辞的责任，既要管理来自不同地方同乡的官员，还要帮助同乡准备考试的考生、做生意的商人、手工业者，甚至一些移民也是帮扶的对象。会馆在这些帮扶、管理中发挥着强大的社会功能。同时，会馆还是一种从民间产生的、自己组织并发展的机构和组织形式，还是能够监督和仲裁的机构。山西商人的成功，毫无疑问是靠着晋商会馆才得以实现的。

文艺美学视域下的晋商文化

一、晋商会馆的兴起原因

　　晋商会馆是由商人自发形成的民间社会组织，它们以地缘性为基础，遵循着传统的优秀道德观。这些会馆经常举行聚会和祀神活动，其功能从最初的单一会务管理逐步发展为涵盖多种功能的综合性组织。晋商会馆的共同目标是创建和谐的社会秩序，促进商业交流和地区经济的繁荣。

　　山西人在异地建立会馆，最早始于明代。当时，山西万泉人贾仁元，曾任兵部左侍郎，协理京营戎政，充经筵官。贾仁元在京官时，将自己在崇文门外的宅子辟一处作为会馆。设于院落内的这个会馆受空间限制规模较小，主要是供在京的山西士人聚会的场所。明代实施开中法以来，晋商以"极临边境"地理优势，捷足先登，渐成为明代最有势力的商人群体。京师是全国政治、经济、文化中心，晋商为活动方便而设会馆于京师。

　　明朝的工商业发展水平较高，丰厚的利益吸引着越来越多的人下海经商，私人贸易发展到空前的高度，特色经济如火如荼。这些形势推动了农村集市贸易的发展，中小型城镇发展为商业性城镇是明清时期商业发展的一部分，行走在各地的山西商人，携带着大量物资准备交易，身为异乡人，面临的最大问题就是货物存储。租赁毕竟不是长久之计，于是，所到之处兴建会馆，用以住宿和存放货物，解决了基本的商贸顾虑。

1. 经济实力奠基础

　　明代"开中法"施行和后来的边关贸易的开放为晋商提供了历史契机，此后，晋商厚积薄发，一跃成为"中国十大商帮之首"。清咸丰年间，有位御史上的一道奏折震惊了咸丰皇帝，奏折对晋商中巨商富户的家产进行了一个统计。

　　统计结果显示，祁县、太谷、平遥、介休等地晋商巨贾家产数百万者并不少见，太谷孙姓家产竟达到2000多万两白银，仅仅这些晋商中的富户家产之和，就已经超过了当时清政府的国库存银。充足的经济实力为修建晋商会馆提供了巨大的经济保障。晋商会馆无论是占地面积、宅院规模，还是雕刻技艺，都是除皇家园林外的其他民间建筑无法比拟的。尤其是处在鼎盛时期的晋商会馆，可谓精雕细刻。晋商会馆的建筑材料有很多是花重金挑选制造的，如山东聊城山陕会馆的许多建筑材料都是从山西烧制成型后运来的，其雕刻、彩绘都是重金请艺术家精心完成的。余秋雨在《抱愧山西》一文中写道："说起来苏州也算富庶繁华的了，没想到山西人轻轻松松来盖了一个会馆就把风光占尽。"晋商会馆的建造依托于晋商强大的经济实力。换言之，晋商会馆是晋商商业繁荣的缩影和见证。

2. 维护利益是刚需

随着晋商的发展，生意不仅遍布全国，发展至边境，甚至还延伸到欧洲、日本、新加坡等地。生意越大遇到的问题和争端自然也就越多。在中国旧时的商业活动中，需要有为买卖双方说和交易的居间商人，当时称作"牙商"，牙商通过说和交易而抽取佣金，对市场交易和信息交流起促进作用。但现实中总会有一些不法牙商为了获取更多的利益而勒索外地商人。晋商在经营过程中就经常受到不法牙商的敲诈和勒索，甚是苦恼。迫切需要成立一个组织来维护自身的正当利益。

另外，晋商繁荣发展的年代正是封建社会的中晚期，各种社会矛盾层出不穷，西方列强趁机掠夺，清政府难以承受割地赔款造成的元气大伤，把该种危机转嫁到商人身上来维护其岌岌可危的封建统治，经济实力雄厚的晋商自然难逃清政府的各种摊派。鸦片战争打开了中国的大门，晋商抓住这个历史机遇开展对外贸易，但在这样一个风雨飘摇、动荡不安的年代，晋商在赚取商业利润的同时也要承担巨大的风险。基于对外交往活动中晋商遇到的现实问题，晋商会馆逐渐兴起并且发挥作用，承担起历史的使命，同牙商、政府和列强进行斡旋，保护晋商的利益，成为晋商"公平交易、诚信经营"的保障。

3. 同乡观念觅乡情

在中国人的潜意识里，"安土重迁"的传统观念根深蒂固。虽然有时为生计所迫而客居他乡，但对家乡的思念不会少一分。身处异乡的山西商人，由于受到风俗不一、语言不通等因素的影响，很难融入当地人的生活中去。虽然获得了物质上的丰富，却不能掩盖他们对家乡的思念。身处异地，只有与同乡在一起才容易获得归属感。于是，晋商会馆如雨后春笋般建立起来了。在这里，山西同乡可以

"联乡谊、叙乡情"。

除此之外，基于地缘因素和共同的神灵信仰，晋商把这种情感扩展到陕西商人和甘肃商人身上，建立了山陕会馆或者山陕甘会馆。晋商还把这种思乡之情融入晋商会馆的建筑当中，位于山东聊城的山陕会馆，每年的关公诞辰前夕，都有一位山西商人专门从山西运来定制的蜡烛来对前一年的进行替换。在修建山陕会馆过程中所用的砖石，都是从山西老家烧制完成然后运输过来，雕刻技艺所用的工匠也专门从山西请来，着力打造一个和家乡最接近的环境。

在山西，作为四大梆子剧种之一的晋剧，在清初就开始发展。作为山西具有代表性的传统戏剧，在当时也随着晋商的壮大，被带到各地，真所谓"商路即戏路"。晋商会馆在逢年过节和关公诞辰等节日都要请家乡的戏班子过来唱戏，唱的也都是家乡戏。远在千里之外的山西商人也能听到"乡音"，缓解了思乡之苦。山西商人在晋商会馆中听着家乡拂子戏的乐声，讲着有关家乡的故事，品尝家乡的老陈醋，喝着家乡酒，从这个意义上来说，晋商会馆就是他们在外地的"家"。

4. 关公崇拜承文化

晋商奉行关公的忠诚，后来兴起的晋商会馆也与关公文化有着密切的关联，甚至许多晋商会馆是在关帝庙的基础上兴建的，可见，晋商对关公的奉祀直接促成了晋商会馆的兴起。关公自古以来是"忠""义"的化身，他的原型关羽一生追随刘备，对刘备忠心不二。曹操想尽各种方法拉拢关羽，三日一小宴，五日一大宴，且赏赐无数，但最后却落得"封金挂印、不辞而别"的结果。在封建社会里，统治阶级对这种"忠"的观念极为推崇，封建社会的帝王对关公的敕封从来没有停止过，甚至到了无以复加的地步，由侯而王，旋而进帝，最后被封为武圣人。

明神宗对关公敕封之后，供奉关公的武庙和供奉孔子的文庙并称，尤其是清光绪帝，对关公的敕封有28个字，足以看出统治者对关公的重视与推崇。关公是晋商引以为傲的家乡人。

在历史的长河中，地缘关系能够促进人际关系的发展。遍布全国、跨境交易的晋商多为异地经商，忙于生意，加上交通不便，终年难得回家一次。浓浓的思乡之情如何排遣？而"会馆之立，所以联乡情，笃友谊也。朋友居五伦之一，四海之内，以义相投，皆为兄弟"。会馆作为凝聚晋商的核心，是他们从事社会活动的主要场所。晋商在这里聚集，以"义薄云天，精忠贯日"的"武圣"关公为信仰来填补精神的空缺。

山西是关公的出生之地，陕西是关公的改姓之地，关公是山西人老乡这个特殊身份和关公信仰所形成的强大的统摄力是凝聚商人的强大力量，联络和团结了邻省商人如陕西商人，进而扩展到与更多省份进行联合，壮大了晋商的实力。关公的信义精神与晋商的价值追求相契合。关公是信义的象征，借关公"信义"重塑商人形象，规范当时商人的经济行为，打破几千年来"无商不奸"的传统观念，使人们对商人产生了新的认识。

在晋商会馆建立之后，馆内的各项重大活动，如祭祀关公、商事调解、商业仲裁等都在关公像前进行，由关公进行神明监督。在我国民间，人们视关公为财神，晋商也希望受到关公的保护，财源广进。晋商会馆作为承载关公文化的载体，它的建立是人们的精神寄托，符合人们的心理需求。

5. 地位上升有追求

在封建社会里，有森严的等级制度，等级观念根深蒂固。明清时期，封建社会背景下的晋商，虽然经济实力雄厚，并能够得到士阶级的广泛认同，但长期以来，受"学而优则仕"观念影响，排在士、农、工、商"四民"之末的商人社会地位低下，使其在很多方面都受到限制。为了改变这种现状，彰显自身实力，晋商积极寻求社会地位的变化，在全国各地修建雄伟壮丽的晋商会馆。晋商发家致富之后，都会回乡修建住宅，但所建院落无论规模多大，只能是清一色的青砖灰瓦。晋商会馆则不然，堪称精美绝伦。苏州的全晋会馆、开封的晋商会馆、洛阳的潞泽会馆和山陕会馆、扬州的山陕会馆等不仅规模宏大，而且布局严谨，装饰精致，馆内奉祀着关公，可与府衙争风头。这些会馆一时间成为晋商身份地位的外在象征。会馆越是气派，地位就越高。相应地，活动于会馆的商人也就更容易结识到高级官员。而与官员交往也是身份地位的象征。

二、晋商会馆的分类

晋商会馆从创办到发展，不仅数量上逐渐增多，类型趋于完善，功能也更加健全。应异地为官而产生官绅会馆，应科举制度而产生科举会馆，为维护同行商人利益而创建行业会馆，因联络同乡而创建同乡会馆。

1. 官绅会馆

明清时期，官员有异地为官的传统。他们一人在外为官，地域不同，语言不通，风俗迥异，难免会感觉孤单。如果能够与同乡住在一起，在聚会或娱乐时，用互通的语言聊聊相同或相似的风俗、习惯，就是情感上最大的抚慰。平常不管谁遇到困难，出于同乡的地缘关系，他们相互帮助，官绅会馆应运而生。

官绅会馆的创建比其他类型的会馆早得多。出于现实需求，各地建立官绅会馆，供大批异地同乡官员聚会，所以，聚会和议事是官绅会馆最初的功能，比较单一。后来，为了进一步巩固并增加自己的势力，会馆衍生出一些新的功能。一方面，为那些为求仕途求学赶考的同乡考生解决住宿等生计问题，以便获得考生高中后的官场支持；另一方面，他们开始攀附高级官员来建立和提升交际圈，来自官府的商业信息和官家的身份地位为晋商发展提供了便利条件，同时，活动于会馆的官员也通过会馆拓宽了自己的圈子，打开了人脉，以会馆为媒介，商人和官家互为机遇。

2. 科举会馆

始于隋朝的科举制度发展到明朝后开始扩招，选拔大量人才为朝廷效力。参加科考的考生要通过院试、乡试、会试、殿试四级，通过不同的考试级别取得不同的等级。院试一般在州县举办，考试合格为秀才；乡试是省里举办的，考试合格为举人；会试在京城举办，考试合格为贡生；殿试是最高级别的，由皇帝命题的考试，也在京城，考试合格并依据名次分别为状元、榜眼、探花。考生人数多，考点固定，决定了前来应试的外地读书人需要寄住。不仅如此，许多赶考之人会因为路途遥远、盘缠不够而流离失所，最后不得已放弃考试。这样，科举会馆应运而生了。科举会馆的创建,及时为参加考试的外地读书人提供了住宿和其他服务,使他们能够一心备考,不再有衣食之忧、盘缠之困。同时,做官之人总期盼自己官场稳固,仕途通达,出于这样的心理,他们往往希望有同乡与自己一同为官,借着同乡关系拉拢人心以助力自己的仕途,所以,官员们不惜自掏腰包来创建专门的科举会馆,有的则是把之前的官绅会馆逐渐变成给进京赶考的学子提供生活便利和服务的场所。

3. 行业会馆

在商业活动中,我们把从事相同或相近业务的商家称为"同行"。常言道:隔行如隔山。不同行业间虽有关联,但实质上却是千差万别。而同行之间就不同了,相同或类似的商品贸易就是他们的共同话题。他们不仅可以交流经验教训、互通重要信息,如果在行商过程中遇到问题,还可以向同行咨询、请教、寻求帮助,让自己尽早走出困境。所有这些活动需要固定的场所,于是,行业会馆便应运而生了。随着工商业的崛起,商品经济的发展,出于经济贸易需要,行业会馆日渐增多。在京城较为有名的会馆有成衣行会馆、药行会馆、玉行会馆、文昌会馆、当行会馆、布商会馆、纸商会馆等。

随着行业会馆的发展,会馆创建者不再单单是商人,而是有官员参与共建。商人有所求,官员有所需,官商为了各自利益联结在一起,彼此依附,会馆间的联系也更加紧密。各个行业会馆不仅有丰厚的资金,还有丰富的商业资源、成熟的服务理念,凭借这些为士阶层的官绅会馆、科举会馆提供资金等帮助,获得帮助的官绅会馆和科举会馆运行更加顺畅。同时,商人会馆借助官绅的政治资源来谋求经济便捷,保障商业贸易往来并提高自身的社会影响力。当时,甚至还有行业会馆会主动专门邀请当地的官员加入会馆的经营、管理,以达到上述目的。

4. 同乡会馆

在外经商的山西商人崇尚关公的忠义精神,关公为山西人,这些山西商人便把关公奉为团结的核心,将当地的关帝庙作为同乡会馆。随着经济的繁荣、商业规模的扩大，山西商人越来越多，各地关帝庙无力承载众多山西商人的活动，于是另建山西会馆，山西会馆、山陕会馆都属于同乡会馆。创建之初的同乡会馆功能单一，主要供同乡聚会抒发思乡情愫、互通市场信息、相互帮助，互相鼓舞，团结奋进。

随着社会、商品经济的发展，会馆的其他功能慢慢显现和发挥出来，涉及的内容也越来越全面，成为明清时期主要的民间自发性社会组织形式之一。为寻求精神寄托、获得神灵庇佑，在另建的同乡会馆中，常常会建筑神庙，供奉关帝，在祭拜中共同发扬集正义、智慧、果敢、坚毅、大志于一身的品质，并成为他们的精神寄托。

三、晋商会馆的特点

跟随着晋商的足迹，由晋商出资共建的各类晋商会馆遍布天下。会馆创立的根本出发点是保障商人的正当利益，后来衍生出许多其他的社会功能，所以有很强的商帮性、社会性和功能性。会馆是同乡的聚集地，因此又有很强的地域性。

1. 商帮性

晋商会馆的创办初衷是为异地经商的山西商人解决住宿、货物存放等实际问题，维护他们的正当利益。随着自身力量的发展壮大，还帮助同乡解决创业面临的资金短缺等问题，以会馆为纽带，联结同乡商人，互通信息，团结一致，共同对外。这些品质将外地的山西商人紧紧凝聚在一起，不仅人数越来越多，而且势力越来越大，最终使他们得以在外地立足，获得更大的发展，成为重要的商帮。

2. 地缘性

亲不亲故乡人，美不美家乡水。晋商在外地有个共同的名字——山西人。这种地缘性将同乡在会馆联系起来。明朝中期，山西的粮商、布商、盐商、茶商不仅在省内蓬勃发展，还涉足省外。就国内来看，会馆在分布范围上东起江浙，西至新疆，北自奉天，南到两广，凡是有晋商商业贸易的地方都设有晋商会馆。如天津；山东恩县、东阿、济南；上海；江苏南京、盛泽大馆圩、盛泽西杨圩、镇江；湖北汉口、钟祥、当阳、郧西、随州、江陵、公安、沙市；浙江杭州；河南淅川（今河南淅川县）、舜阳；广东佛山、广州；湖南长沙、湘潭；广西南宁；青海西宁；新疆巴里坤；安徽芜湖、涡阳、重庆；四川成都、灌县；福建福州；内蒙古多伦诺尔等地。从晋商会馆接纳的人员来看，虽然也接纳相邻省份的人，但还是以同乡、同籍为主。最根本的还是维护同乡的利益，所以说是一个极具地缘性的组织。

3. 社会性

在不同地方建立的不同类别的晋商会馆，其发挥的社会功能是不一样的。前文我们讲到晋商崇尚关公，并在最初将关帝庙作为山西会馆，所以，组织祭祀活动就是会馆的功能之一。各地会馆中建有大小不一的神庙，里面供奉着关公或其他神灵，到了祭祀的日子，都会在会馆神庙对面的戏台搭台唱戏，山西商人汇聚于此共同祭祀、娱乐。

有商业贸易就会有商业纠纷，此时会馆承担起了调解商业纠纷的职能。会馆创建的宗旨就是维护商人的合法权益，当出现纠纷时，一般由会馆出面仲裁，处罚违规的商家，保护大家的正当权益。还有就是共同发展的功能。山西商人因地缘性而聚集在会馆，又因地缘性而产生特殊的情谊，他们之间不仅是互通商业信息的商业联盟，还是相互帮助的同乡兄弟，这样的关系让他们相互扶危济困。商人遇到困难，会馆会酌情给予以帮助。还会专门组织联谊活动，让商人交流商业经验，相互帮助实现共同发展。在这个团体里没有贵贱之分，大家都很亲切、很团结，互相帮助、互相扶持，这就是会馆的社会性。

四、晋商会馆的社会功能

晋商会馆的社会性在上面的内容中我们已经提到，从它的社会性来看，其实是与功能性紧密联系在一起的，也就是说，晋商会馆有它独特的社会功能。

长时间以来，中国是典型的农耕社会，历代政府推崇自然经济条件下的小农经济，反复强调以农为本。"士农工商"的简单分工方式中，工商为末业，不被政府重视，经济秩序紊乱。而晋商会馆作为工商界的民间组织，顺理成章承担起了维护商人利益、稳定市场秩序的责任。在发展过程中，晋商会馆能做到与时俱进，不断反思自身，为了寻求更好的发展，其社会功能不断扩充，最终成为集互通商业信息、联络同乡情感、扶危济困行善等为一体的综合性社会组织。

1. 联络情感、广通声息

历史上，建立晋商会馆，为的是聚集客居他乡的山西商人。晋商辉煌长达500年，这500年也是充满辛酸的500年。山西人大多在外地经商，路途遥远加上交通不便，生意繁忙加上路费昂贵，回家变得遥遥无期。而且他们四处奔波，举家随之迁往外地并不现实，只能是遥远的距离承载沉沉的思念。作为外地人，面对不同的生活习惯、不同的语言等，总也找不到归属感。晋商会馆俨然是个"小山西"，在这里，结识的都是有共同语言、共同习惯的山西人。这些相同之处拉近了彼此的距离，彼此聊聊家乡的特色、说说家里的乐事，思乡之情得以诉说，不仅获得了身份认同，还建立起深厚的情谊。

聚集在晋商会馆的山西人，大多从事商业贸易，算是同行，晋商会馆是这些同行沟通信息的场所。政府的经济政策、近期的市场行情、未来的价格走向、产品的供销状况，都是大家讨论、沟通的话题。因为聚集人数多，他们从事的商品贸易的范围、种类、需求等都不一样，这种综合性的信息沟通打通了行业之间的关联性，建立起庞大的人脉资源网，一方面让他们规避了风险；另一方面及时获取有利信息，最终谋得共同进步和发展。

2. 寄托信仰、团结同乡

几乎在所有的晋商会馆中都设有神庙，这是晋商祀拜神灵的重要场所，也是他们内心信仰的寄托。山西会馆中供奉的多为关公，少数供奉其他神灵。晋商在外地经商，既要求财，也要保平安，还要团结起来彼此照应，共同战胜困难，所以就通过虔诚的供奉和祀拜，来希望获得神灵的庇佑。早期的晋商会馆就是各地关帝庙，后来各地兴建晋商会馆，馆中也要建神庙用来供奉关公。直到如今，关公崇拜仍是商人的信仰，是他们的精神支柱。

出于内心的敬重，祀拜神灵就成为一件庄重的盛事，所以，晋商会馆通常都会建一个戏台与神庙相对，会馆实力不同，戏台的大小不等。每月初一、十五这样的大日子，会馆都会组织戏剧演员来唱戏，以祭拜神灵，祈求神灵庇佑，让自己生意兴隆、万事顺遂。在现存的会馆戏台中，以苏州晋商会馆的大戏台最为壮观，如今成为中国戏曲博物馆。

另外，在逢年过节、商业取得胜利或是遇到其他值得庆贺的大事件时，会馆也会组织演戏，通过这些娱乐活动把同乡人聚在一起。在这样的娱乐活动氛围中，经商的不易、求学的艰辛都化作一种向上的内心力量。

无论是会馆中庄严的祀拜，还是活泼的娱乐，都以一种精神的力量将同乡紧紧地团结在一起，为晋商攻坚克难、共同进步奠定了基础。

3．扶危济困、慈善为上

由地缘性自发产生的乡土亲情，让会馆有极强的慈善性。在同乡人遇到困难时，总是出钱、出力竭尽全力予以帮助，可以说，晋商会馆就是帮助同乡的慈善机构。

明清时期，晋商飞速发展，创造了巨大的经济财富。他们出资共同建立山西会馆，给广大山西商人提供聚会、议事的场所。所有在会馆活动的人，不需要缴纳费用，全部费用由会馆承担。富足的晋商受儒家"达则兼济天下"思想的影响，他们将自己商业收益的一部分拿出来投入公益活动。那个时代，外出经商的山西人众多，但并不是所有人都能赚得盆满钵满，其中不乏有一些人因资金不足、经验缺乏或经营不善而亏损严重。

这时，晋商会馆会提供一定数量的生活补助，并帮他们分析原因找出症结所在，综合有利的商业信息以改善经营模式为目的，帮助他们东山再起。钱财的帮助只能解一时之困，对那些赔了所有身家，甚至流离失所的商人，为了从根本上解决他们的生计问题，会馆购置大量义庄、义田，以低价转让或出租给这些落魄的同乡人，帮助他们渡过难关。在外闯荡的山西人，有时还会遭遇各种天灾人祸而客死他乡，而当时落后的交通，让他们无法在故土安息。针对这种情况，会馆购置了义地，为同乡亡人安置棺椁。

晋商会馆作为商品经济的产物，在随经济发展的过程中，其社会功能越来越健全、完善。作为一种社会组织，它是互通信息、联络情感的聚会场所；是祭拜神灵、祈求庇佑的精神家园；还是扶危济困的慈善机构。晋商会馆这些社会功能的发挥在一定程度上缓解了政府的财政压力，对维护当时的社会秩序起到了积极的作用。

五、晋商会馆的经济功能

人类社会本就是竞争社会，在经济关系中也同样存在着竞争——市场竞争。市场通过竞争而最大限度地保持活力。然而，在明清时期，商人的地位低下，政府对经济管理不够重视，商业贸易秩序存在混乱问题，从而引发了商品交易活动中不公平竞争。这些不公平竞争在一定程度上损害了商人的利益。为了保证市场的良性发展，晋商聚集在会馆共商对策解决矛盾，抑制了不正当竞争，稳定了市场秩序，促进了经济的发展。

1. 化解冲突促公平

商人都有逐利的天性，但有一些商人为了利益，不顾情感、不顾道义而不择手段，严重扰乱了社会经济秩序。晋商在行商过程中，由于利益主体多，所以纠纷的发生是不可避免的。政府重农抑商的不作为态度，失去了纠纷双方的信任，所以，只要有矛盾、有纠纷，人们自然而然就会找自己的组织——会馆来处理。时间久了，会馆便主动承担起了调解矛盾、调停诉讼的职责。

俗话说没有规矩不成方圆，为了保证公平竞争、公平交易，会馆制定了一些规则，以便更好地行使调解职责。这样一来，商人之间解决纠纷越来越依赖会馆，会馆在商人中的威信大增。这些规则的制定，在一定程度上约束了商人的行为，完善了会馆的制度，使会馆各项活动有章可循。如果当时会馆不挺身而出承担起调解诉讼的职责，商人变本加厉盘剥，民众蒙受损失，整个经济市场就会陷入混乱。正是会馆的这些作为，挽救了市场，也推动了会馆的发展。

从根本上讲，会馆是不愿意依规则惩罚任何人的，更希望看到的是诚信交易、和平共处的市场环境。晋商行商一直以诚信为根本原则，会馆要求人人能发自内心做到诚信，以减少矛盾、杜绝不公平交易。这种内在的约束也在一定程度上保障了市场稳定，促进了公平竞争。

会馆的规约里明确规定着管理者的义务、惩戒条例。公正是赏罚分明者的美德，当有商人违反规约时，在会馆里必须先受到相应的惩罚。如若还不遵守，就将其送到官府去处理。诚实守信一直都是晋商的特点，所以在晋商会馆制定的规约里，关于交易的规约是十分详细的，在一定程度上维护了市场公平竞争的交易环境和市场规则。晋商会馆关于市场交易的规约里规定，要严格要求入会的商人遵守商业信誉，以信取人，公平正义，不贪图小利。

2．以和为贵整秩序

从晋商最初的功能——保护商人的合法利益出发，会馆制定了一系列公约、制度、规矩来规范商业活动中的秩序，调解商人的利益，让商人在遇到商业纠纷时有调解的地方，有处理的依据，有解决的办法，让经济市场正常运转。这些公约、制度的制定，对商人和会馆来说既是一种约束，也是一种保护。因为有规可依，商人便不敢轻易发生不公平交易。这种不敢的心态，实质上保护了他们的正当利益。万一违反了公约、制度，会馆坚决有错必纠，但是惩罚一般都不算重，一般采取的处罚措施有罚饭、罚戏，严重的才会罚金、没收，对完全不遵守公约、制度的才会交给官府解决。会馆主要通过内部来解决商业纠纷，大大缩短了官府解决纠纷需要花费的时间，同时也节约了政府的人力、物力，对商人来说，这种解决方式零花费，也是优先选择的处理方式。

会馆维持秩序的一个典型例子就是抵制不法牙行。牙行是明清时期的商品交易中萌生出来的一种行业，在商品交易中起中介作用。但是后来，衙门里面的差役更名换姓冒充牙行从中获益，仗着官府这座靠山，对商民进行打压。身单力薄的商民根本不是官府的对手，只能任牙行横行。后来，会馆借助自己的权威将大

文艺美学视域下的晋商文化

家团结起来，商讨对策，并推选出德高望重之人与官府协商、配合，共同抵制牙行的不法行为。

随着晋商会馆功能的逐渐完善，会馆逐渐成为政府和商人之间联系的纽带。对内，会馆强调诚信经营，以诚信的内驱力促使商人做到诚信经营，减免商业纠纷的发生，维持商品交易市场公平；对外，会馆制定公约、制度、店规、行规，抵制了不法行为，保护了商人的合法权益。

第二章　晋商文化

第一节　晋商文化探源

善于经商、善于理财的山西商人，从最开始的小本买卖发展成为横跨欧亚、驰骋天下的商贸大业。晋商在长达 500 年的商品贸易活动中，创造了丰富的物质财富和精神财富，也逐渐形成以山西为背景、以商贸为中心的包含商贸文化、家族文化、建筑文化、饮食文化、戏曲文化等独特的文化形态——晋商文化。晋商之所以能取得如此伟大的成就，有其深厚的历史文化根源。

一、天时

在人类历史的长河中，文化的范围较广，是人们在从事社会实践过程中，创造出的物质财富和精神财富的总和。从纵向上看，文化具有延续性和继承性。随着晋商的发展而逐渐形成的晋商文化作为文化的一支，源远流长，生生不息。

明清时期，晋商商业贸易已呈如日中天的态势。政府为了实现战略目标，顺应经济发展趋势，出台了一系列开明的经济政策。这些政策促进了晋商的发展，促成了晋商文化的定型。

（一）开明的市场管理制度

我们把从事商品交易需要的场所称为"市场"，要实现市场良性运作，离不宏观调控。随着商业的蓬勃发展，明清时期的市场管理制度较之历代都灵活、开明了许多。

1. 秩序制度完善

商品交易要做到公平，度量衡的统一是前提。明代，设置有专门检查度量衡的职务——都水司，负责检查度量衡的准确度，同时对使用不合格衡器量具的人予以处罚。在《明律·户律·市廛》中有关于"私造解斗秤尺"规定，凡在市场上使用的解斗秤尺必须经过官府校勘烙印，否则，虽然无弊也要受"杖四十"的处罚。也就是政府要求市场贸易所用的度量衡必须与官定标准相吻合，且经官府核定烙印后，才可用于市场交易。

对于仓库官吏私自作弊，导致买卖不公平，则要施以100杖的处罚，并"以所增减物计赃，重者坐赃论，因而得物入己者，以监守自盗论"。由此可见，当时政府对度量衡的监管非常严格，为公平交易提供了有效的法律保障，促进了市场的稳定发展。

2. 时空限制渐宽

为了进一步规范市场，明清政府在市场开设的时间、地点等方面作了规定。在时间上，在经济萧条期间，开市的周期相对长一些；经济繁荣时期，为了便民，开市的周期逐渐缩短。到明朝中后期，有些地方甚至可以日日开市，打破了固定时间的限制。在地点上，市场开设位置通常由知州、知县来确定。随着经济的发展，市场的范围越来越宽松，交易者已可以在临近的市集交易。到了明朝中后期，交通便利且经济发达地区出现了固定集市。不受时间、空间限制的市场极大地繁荣了当时的商业。

3. 物价政策利好

稳定的物价是保障民生的基础。明清时期，政府结合时局先后出台并完善物价政策，保护了百姓和商人的钱袋子。

明洪武二年（1369年），明政府承袭宋制，制定了"时估制"，命"府州县行属""务要每月初旬取勘诸物时估，逐一核实，依期开报，毋致高抬低估，亏官损民"。如果"物货价值高下不一，官司与民贸易，随时估计"[①]。当时的时估制度是政府干预市场价格的一种方式，即由官方的价格来决定市场的价

---

① 《大明会典》卷三七《课程·时估》；转引自郭捷.《明代商事法研究》[D]. 北京：中国政法大学，2002：15.

格，主要基于两方面考虑：一是为了平抑物价，干预市场，保障民生；二是为了配合政府"编审行役制"下的"和买"制度[①]，以确定"和买"之中用以购买商品和劳动力的价格。较之"市制"之下的无偿征收，"时估"制度虽然没有绝对公平，却保证了商人的基本利益。

明后期，牙行兴起。牙人作为独立的市场主体，所谓的价格为"市价"（商人通过牙行交易时的价格），导致政府直接干预商品价格的能力丧失，使得商品价格不仅自由而且合理。清朝，发展出了一套管理物价、维持粮价稳定的间接调控制度：粮价奏报制度与以常平仓为主体的仓储制度[②]。以方便政府对市场粮价进行间接调节，并对整个市场起到调控作用。

（二）正确的商人管理制度

明清时期，政府十分重视对从事商品交易的商人的管理。通常，将从事外出流动经营的商人称为行商，将在固定地点营业的商人称为坐商。行商因流动性比较大，不易于政府管控，为了保护其合法的交易，政府给这些行商发放路引，当时的路引类似通行证，上面注明行商的姓名、乡贯、去向、日期、资本数目、货物重量等，过关卡、码头等地必须出示路引方可通行。

另外，外出行商的商人，政府规定，凡住店，必须持政府签发的"店历"，以对行商进行详细登记。这些制度在维持社会和商业秩序的稳定方面，起到了一定的积极作用。

有别于行商而在固定地点从事商品交易的坐商，又与行商有相通之处。坐商同样要登记自己的详细信息，获得政府许可后才能在城市取得居住和经营的合法权益，这叫"占籍"。占籍其实又类似于现在的户口，在异地获得占籍的商人，他们的子弟会获得在外地参加科举考试的资格，商人的政治地位和经济实力都获得提升。

---

① 邱澎生. 明清中国的商业法律——当法律遇上经济[M]. 台北：五南图书出版公司，2008：16.
② 邱澎生. 明清中国的商业法律——当法律遇上经济[M]. 台北：五南图书出版公司，2008：38-42.

二、地利

清人顾祖禹在《读史方舆纪要》中指出:"天下之形势,必有取于山西也。"在战争频发的年代,能够"扼某地之咽喉"的关隘可以做到一夫当关,万夫莫开。历史上,山西不仅山多,险关也多:有天下第九关之称的娘子关;以天下九塞、雁门为首的雁门关;能够屏大同、扼太原、应偏关、援雁门的宁武关;山西西大门之称的孟门关;三晋之屏藩之称的偏头关;著名的税卡杀虎关;黄河上最大的渡口风陵渡;抵御匈奴东进的门户金锁关;山西东大门之称的黄泽关;有长城的重要关隘之称的平型关。且山西东有巍巍太行山作天然屏障,西、南以滔滔黄河为堑,北抵绵绵长城脚下,凭山控水,据高负险,故有"表里山河"的美称,号称"最为顽固",是各省联络的必经之地。先天地理优势注定山西会成为往来的焦点。

山西地处我国中原农牧业经济的过渡带。省境以南的晋南盆地、上党盆地及黄河中下游都是种植业相当发达的地区,省境以北地区是以牧业为主的牧业经济区,位于两种经济区域之间的山西充当着促进相互联系和彼此互补的角色。作为农耕经济文化极为发达的中原地区,需要游牧经济文化的补充,比如游牧地区的特产——马、羊以及皮毛等,中原先进的农耕社会对蒙古游牧地区在各个方面的"汉化"和补充性更强,这些"汉化"和"互市"从未间断过两大经济区之间的联系,而且,随着商品贸易的兴隆,逐渐形成具有一定规模的和集散场所的边关贸易。南北贸易路途虽遥,但是山西中部从南到北有一系列盆地相对平缓的地形,也有助于牲畜长途奔波,为驼帮运送货物提供了便捷。

山西人从事商贸活动,还有一个最主要的一个原因是人口急速增长。众多的人口为了生存而向大自然无限索取,使自然环境严重恶化。恶劣的自然环境让广大山西人民生活极度贫困,迫于生计,许多山西人只能迁往外地做起商品买卖,一时间,形成一股移民热潮。自古以来,山西就是资源丰富的省份,盐、铁、煤储量丰富,为山西人从事商品交易奠定了一定的基础。山西商人将省内的盐、铁、煤销往外地,带动了周边地区商业的繁荣,随之,山西又有特产、手工业品的市场流通，形成区域性的商贸市场。从商品交易中获得的利益吸引了没有耕地或耕地较少的农民，这些农民渐渐脱离了农业生产活动，转而投入生产、运输、贩卖等商业活动。

山西所处的特有的地理位置，磨砺了山西商人坚忍的意志和奋斗的勇气，为山西人走上经商之路创造了天然的条件。

三、人和

《论语》曰："礼之用，和为贵，先王之道，斯为美。""和"指的是和顺，是一种和谐。晋商作为经商之人，很注重和气生财，讲职业道德，把儒家推崇的道德标准——"义"作为经商获利的前提，在经商过程中始终是义在利先，以义制利。

历史上，曾出现过以新钞兑换晋钞的事情。阎锡山战败，晋钞严重贬值，手中持有晋钞的人如果按照市值来兑换的话，损失惨重，但是票号却会获得很大的利益。面对丰厚的利益，晋商乔家"义"字当前，按晋钞的面值换新钞，自己赔上了所有的家产，保全了储户的切身利益。

还有晋商王家，在战争年代，面对国家山河破碎，捐钱捐物。最后，一家之主王崇仁倾尽所有，捐出了自家的宅院支援战争。在日常小事情上，晋商处处彰显"义"的格局。乡里乡亲，晋商扶危济困，乐善好施，用辛苦赚来的钱办义学、购义地、修路搭桥，凡自己能力所及，晋商都不惜力、不惜财。大大小小的义举树立了晋商的良好形象，积累了诚信义利的口碑，铺就了他们的商业贸易之路。

第二节 晋商文化的科学内涵和内容

一、晋商文化的科学内涵

晋商即从事商品交易活动的山西商人。始于宋代，盛于明清的晋商绵延发展

文艺美学视域下的晋商文化

数百余年，创造了丰富的财富。尤其是明清两代，山西商人凭借自己的努力做到"货通天下""汇通天下"，积累了雄厚的资本，蓄积了强大的实力，位于中国十大商帮之首，一度执全国商业、金融业之牛耳。

伴随着晋商的发展，晋商文化逐渐形成。可以说，晋商发展史，就是晋商文化的发展史。

历史上的商帮大体崛起于明清时期。晋商为何能跻身十大商帮，并且成为势力最强大、影响最深远的三大商帮之一，这在很大程度上得益于晋商文化。"晋商文化是山西商人在从事商品交换活动的历史实践中所创造的物质财富和商业思想，以及由此衍生、发展而来的商行制度、商业道德、商会组织等商业文明现象，是中国商业发展中一种具有时代特色的文化现象。"[1]

从学者的这些论述中，我们可以看出，晋商文化首先是一种商业文化，其包括物质财富和精神财富两大系统。物质财富指的是晋商建筑（晋商大院）以及与其商业活动相关的用品、工具等；精神财富作为一种无形的财富，主要包括伴随商业活动形成的一整套的伦理精神、经营理念等。

晋商是典型的儒商，它的一系列商业活动深受儒家思想浸润，以五常为纲，形成自己独特的商业伦理标准。晋商是有仁爱之心的儒商，能够审己度人，为别人考虑，不仅关爱本家老小，对非亲非故的生活困顿之人常常定期赈济。

晋商是有责任讲奉献的儒商，如捐银铺路、卖地办学，都是晋商王家的善举，他们还扩建义学，为改善办学条件，增修房屋23间。王家第17代的王如琨，嘉庆年间任顺天府督粮通判，见"东天门石路"工程艰巨，捐银1000两，为此，朝廷特为其立牌坊上书"乐善好施"四个字。

晋商是心怀恭敬之心的儒商，始终恪守商业规则。晋商是智慧创新的儒商，不仅善于用人，而且精于创新，凭借智慧会通天下。

晋商更是诚实守信的儒商，做生意始终坚持质量第一，信誉至上，宁可自己亏损也不占别人便宜。如今，晋商传奇早已远去，但晋商文化余音不绝，影响深远。

---

[1] 山西财经大学晋商研究院. 晋商与中国商业文明[M]. 北京：经济管理出版社，2008：243.

第二章 晋商文化

二、晋商文化的内容

深受儒家思想影响的晋商文化，既体现为外在的物质文化，也蕴含在内在的精神文化中，内容丰富，包罗万象，有宅院、会馆、戏台这样的晋商建筑，有楹联、匾额、戏曲这样的晋商文学，还有经营、金融这样的晋商商业，渗透在生活的方方面面，影响着人们的生活方式。一定的文化总是与一定的历史背景相关，也难免会带有不同时代的历史烙印，晋商文化也是如此，有精华也有糟粕。

（一）晋商伦理文化——儒贾相通

晋商一向以儒家思想来指导商业活动，是典型的儒商。将儒家推行的为人处世之道与晋商之道联系起来，形成了自身独具特色的儒贾相通的伦理文化。

晋商所奉行的"义"表现了他们对社会、对乡民、对同行的义举。晋商心中的"家国观念"让其秉承着"国家有难，匹夫有责"的胸怀，在国家危难时慷慨解囊，捐款资助。他们对乡民讲行善，乐善好施，每遇天灾人祸，均开仓放粮，支锅施粥。对同行他们讲道义，坚持"先义后利、义利相通"公平竞争，危难中相互扶持，抱成一团。正是这种精神让晋商这个团体越做越大、越做越强。

晋商也重视商业礼制建设。没有规矩不成方圆，为做好商号的人事管理，维护商家的合法利益，晋商结合实际制定了一系列规章制度，如店规、号规、行规，形成对人对事的约束。晋商在经营中对"礼"的遵循，亦是对中国传统儒家文化的继承和发扬。

"智"体现了晋商精明能干、善于谋略又富有创新精神。晋商从一个个小小的手推车贩货卖货的商贩发展成在全国各地甚至国外都有分号的巨商大贾，其中不可或缺的便是智谋。晋商吃苦耐劳又足智多谋，其智慧集中体现在经营策略和手法上的不断创新中。

人无信不立，"信"是中国传统文化中的道德标准，也是晋商的伦理和规范。晋商学徒的道德培训内容第一句便是"重信义、除虚伪"，所有晋商都供奉的"关公"即对"信义"精神的遵循。

（二）晋商经营文化——经营艺术

晋商推行儒贾相通的商业伦理，在这样的环境中，形成了有别于其他商人的经营模式，并取得巨大成功。

诚实守信赢得好声誉。好声誉是无价宝。晋商在经营活动中，不欺诈、不贪心，脚踏实地、诚信经营，实在要亏就亏自己，赢得了好声誉，获得了商界、业界和普通大众的认可。

对于商人来说，商机是经商成功的重要因素。晋商一直注意审时度势，网罗信息，寻求商机。著名商号"大盛魁"经久不衰，就在于它能多渠道、全方位掌握市场信息，让买卖有针对性，比如针对蒙古人，大盛魁了解他们对饮茶的偏爱，就自行加工砖茶，卖给那些牧民。蒙古族是个游牧民族，结合这一特点，晋商又采取流动贸易的方式，这样，蒙古人民不管在哪里落脚，都能买到喜欢的砖茶。在长期的商品贸易中，晋商奉行并总结了"人弃我取，人取我与""囤得应时货，自有赚钱时""人叫人，观望不前，货叫人，点首即来""买卖赔与赚，行情占一半"的成功经验。

随着晋商业务的扩大，资金的积累，钱庄、当铺和票号发展成为晋商金融的三大支柱，专营钱业往来，并且在原有商号、店铺的基础上，经营范围扩大至茶叶、绸缎、皮毛、布匹等，这些工商资本与金融资本的有机结合，互为补充，加速了晋商的资本运转，获得较大的增值空间。

人常说"顾客就是上帝"，晋商用周到的服务来对待自己的顾客。大盛魁为了取得蒙古市场，培训自己的从业人员学习针灸，为缺医少药的牧民治疗疾病。这样的做法感动了牧民，获得了牧民的信任。在与大盛魁的商品交易中，牧民便不问价格，争相前来购买。当然，不问价格，是因为大盛魁给的价格非常低。对生活困顿的牧民，采取薄利实惠的销售原则；如果实在没钱购买，可以以马、羊等实物交换；实物也拿不出的，还可以赊账。

（三）晋商管理文化——高效全面

晋商500年的辉煌是在它内部形成的严格的规章制度监督下实现的。从挑担货郎起步的晋商，在商品交易中心不断总结经验、吸取教训，逐渐形成晋商独特的企业管理制度，主要包括企业的治理机制、人力资源管理机制和财务会计制度，使贸易活动实现高效运行。

企业治理机制主要包括企业股份制、两权分离制、联号制。企业股份制，是晋商创造的中国最早的企业制度，由之前的贷金制、合伙制、伙计制发展而来，并以此区别于中国其他商帮的企业经营制度，晋商实施资本所有权和经营权分离的两权分离制，奉行"用人不疑，疑人不用"的信条。通过明确财东和经理的职权和义务进行经营达到利益的最大化。联号制即由财东投资创办若干个不同行业的各自独立核算和经营的商号或票号，在业务上相互联系，相互服务，相互支持。

人力资源管理主要包括员工选拔与培育机制、人力资本制、学徒制、薪酬激励机制。晋商的成功，用人是第一因素，其用人的原则是用乡不用亲、择优保荐、破格提拔。

新员工选拔制中规定所有员工，必须具备两个条件：一是必须为山西省人，这样便于管理而且又惠及同乡，利于增强凝聚力。二是必须有家道殷实者的担保，并进行相应的考察。人力资本制，是晋商的特殊制度。清人徐珂将它归之为"出资者为银股，出力者为身股"。身股即人力股。掌柜伙计的"人身股"与财东的"银股"一起参与企业利润分红，极大激发了员工的积极性。

（四）晋商大院文化——文化深厚

晋商在商业上获得成功后，都会回老家兴建宅院。这些院落规模庞大、气势恢宏。从门格窗棂、亭台廊柱的设计到楹联匾额的书画，都透露着儒家的韵味。不仅是晋商财富的象征，也是晋商文化的物质载体。

晋商大院的建筑层次分明、内外有别，房屋的布局、装饰都根据主人的身份和地位来进行。所以，从这些建筑中可以看出其中蕴含的封建等级、三纲五常、日常礼教等。有些封建礼教在今天看来也许是糟粕，是我们批判的东西，但是从这些建筑中我们能真切地体会到生于斯、长于斯的人们的日常生活。

晋商大院的建设无不寓意深刻，充分体现着晋商"天人合一""中庸之道"等内涵。院落布局往往有一定的整体寓意，如乔家大院布局为一个完整的"囍"字，以欢乐祥和寓意其中；太谷三多堂院落呈"寿"字形结构，则是将多子、多福、多寿的含义注入其中；王家大院内部相通之雨道皆呈现"王"字格局，暗含着对加官晋爵的渴望之心。

从建筑学角度来看，晋商大院同样具有很高的艺术价值。院落建设如城堡般坚固，楼高院深，防御性极强。而且院子设计成戏台院、栏杆院，运用木雕、砖雕、石雕、镂空等，使整个建筑立体感甚强，精美的雕梁画栋间蕴藏着丰富的文化内涵。

（五）晋商民俗文化——地方特色

晋地特定的社会民俗文化也是晋商文化的重要组成部分。晋商走到哪里，就会把晋商文化传播到哪里。晋商走南闯北不仅传播了多年从事商业贸易所形成的商业理念，也使晋地民俗文化走出了山西。因晋商文化而兴起并传播的山西特色的民俗文化体现在多个方面，诸如戏曲、建筑艺术、武术、伦理、饮食、风俗、家规等。山西是面食之乡，面食文化在全国各地因晋商的发展而慢慢推广开来。为了丰富日常生活，晋商把山西戏曲带到了其经商所到之处。一些晋商会馆也建了不少戏台。

随着晋商经营地区扩大，晋剧的传播面与社会影响力也越来越大，成为闻名全国的重要剧种。山西商人历来崇拜关公，全国的山西会馆里最主要的建筑便是供奉"关羽"的殿堂。晋商对民间社火活动的发展也具有推动和传播作用。随着山西商人的流动和发展，山西人逢年过节在街头表演的杂耍、秧歌、舞蹈、焰火、剪纸、彩灯等活动也不断地推广和发展，推动与促进了民间社火活动。

第三节 晋商文化的审美内蕴

著名学者孔祥毅在《晋商学》中指出："晋商精神，就是晋商在长期商业活动中形成的一种相对稳定的思想方法、行为范式和价值观念，它是晋商文化的核心。

晋商精神集中体现为重商立业的人生观、诚信义利的价值观、艰苦奋斗的创业精神和同舟共济的协调思想。"

一、重商立业的人生观

"万般皆下品，唯有读书高"，这是中国自古以来重视读书的写照，认为读书是人生飞黄腾达的唯一途径，加上政府重农抑商，从商一直是不被看好的营生。历史上，时代和地域的原因造成山西人经商众且功成者多，因此重商思想在山西逐渐形成，后来，形成了这样的谚语：有儿开商店，强过做知县，买卖兴隆把钱赚，给个县官也不换。晋商遵循"学而优则商"的思想原则，凡优秀子弟均会竞相从事商业活动。

晋商摒弃旧俗，褒商扬贾，把经商作为一项崇高的事业来看待，可以实现其创家立业、光宗耀祖的抱负。所以到了明清时期，山西已经在民间形成了"以商致财，用财守本"的重商立业思想。正是这种重商立业的人生观使得晋商不断开拓出晋商文化中独一无二的经营艺术和高效全面的企业管理。

二、诚信义利的价值观

晋商文化中儒贾相通的商业伦理即这一精神的集中体现。晋商推崇"君子爱财，取之有道""仁中取利真君子，义中求财大丈夫"。诚信是商业文明的重要标志，诚信也是晋商精神的精髓和最宝贵的财富。山西商人无论走到哪里都会供奉关公，把他作为"忠、义、诚、信"的化身，诚信义利的思想已经成为其潜移默化的价值观。

清末一个小小归化城（今内蒙古自治区呼和浩特市）就有七个关庙，并且各商号在号规中大多规定了"重信义、除虚伪""贵忠诚，鄙利己，奉博爱，薄族恨"，反对用卑劣手段骗取钱财。晋商在经营过程中时刻铭记"和气生财、公平交易、童叟无欺""诚招天下客，誉从信中来"等信条，逐步塑造起一代"诚商"的形象。近代著名的社会活动家、学者梁启超也说过晋商笃守信用。史料中有很多晋商不惜折本而保证其商誉的记载。因此，很多百姓购买商品只认商标，不讲价格。

三、开拓创新的进取精神

要做一番大事业,仅有节俭勤奋的精神是不够的,还需要善于抓住时机审时度势,不断开拓创新。晋商勇于开拓的进取精神体现在其经营过程中不墨守成规,体现在其高效的经营管理制度、独特的经营艺术、金融票号业、晋商大院建筑等晋商文化的多个方面。如晋商在企业管理上开创了股份制、联号制、两权分离制等先进的经营制度,票号业寄托着晋商"汇通天下"的宏大理想。晋商在商海中善于运用经营艺术,积极开拓国内国外市场,不怕吃苦,即使是在战乱时期也勇于冒险。"南货北运,北货南运",继"丝绸之路"之后晋商开创的经商之路——晋商驼道。晋商开拓创新的进取精神使其做到了货通天下、会通天下,晋商文化也在其经营过程中得到了创造性的丰富和发展。

四、同舟共济的协调思想

晋商称友好的同行为"相与"。成为相与则意味着相互之间要平等竞争、善始善终、同舟共济。晋商在相与的选择上谨慎小心,只有具备儒贾相通商业伦理的商家才能彼此结为相与。相互之间如遇困难,必竭力相助;即使无利可图,也不会中途断交。

除此之外,山西人在外经商都会建立以乡谊为纽带的会馆。会馆是山西商人客居他乡用来联络感情、交流信息的重要场所,旨在把同行凝聚起来,相互扶持。蔚丰厚票号北京分号经理李宏岭著书《同舟忠告》说"区区商号如一叶扁舟,浮沉于惊涛骇浪之中,稍一不慎倾覆随之……必须同心以共济"。同时,晋商在经营过程中首创的股份制、联号制的合作经营也是其群体协作精神的重要表现。晋商在激烈的竞争中,不断开拓创新,又懂得利用群体的力量增强竞争力,来增强自身抵御风险的能力。

500年的历史漫长又短暂。晋商的存在或许只是历史的一瞬,但又有多少文明湮没在茫茫时空中不为人知呢?晋商叱咤商海,创造了能与犹太商人、意大利商人相媲美的商业文明。

从晋商文化的含义、内容、核心价值,我们可知晋商文化的价值与其在中国商业文明中举足轻重的地位。而这些文化价值，让其当之无愧为中华商业文明的奇葩，成为中华民族的历史文化瑰宝，也让其具有了在现代社会传承与发展的价值。所以，它的存在是全体山西人的骄傲，亦是我们中国人的骄傲。

第三章　晋商文化的美学价值

第一节　晋商商业伦理文化的美学价值

一、晋商商业伦理文化

（一）定义

商业伦理文化是在进行商业营销活动过程中指导、调节、制约商业员工之间、商业人员与社会、消费者之间各种利益关系的伦理道德标准与规范体系的总和。

前文我们讲到山西所处的地理位置，晋商生活在这样特殊的地理环境中，对商业贸易耳濡目染，长时间受商业熏陶，加上他们不畏艰险的开拓和蒸蒸日上的发展，因此产生了独特的商业伦理精神。晋商商业伦理，是指明清时期山西商人在从事商业贸易活动中形成的一套具有相对稳定性，并能够指导其商业实践活动的商业管理规范、商业行为原则、道德价值诉求和商业伦理精神等一整套伦理思想体系。

（二）基本特征

晋商发扬和秉承晋地经商的优秀传统并用儒家传统道德来规范自己的经营理念和行为方式，从而形成了一套独特的商业伦理思想。晋商商业伦理最重要的特征就是"义利合一"与"和衷为贵"。在这两个经营理念的指导下，衍生出一系列基本道德规范。

晋商商业伦理与其他商帮虽有共性，但又独具特色，具体体现在以下几个方面。诚实守信、公平交易、以礼待人、崇商敬业、积极进取、克勤克俭、修身正己、创家立业、爱国济民，体现了晋商商业伦理规范、晋商商业伦理的精神和晋商商业伦理的价值诉求。晋商以此为契机不仅壮大了个人资本的积累，而且也丰富了晋商的信用体系，在商界获得了良好的信誉和口碑。

（三）形成条件

山西地处黄土高原，19.7%占地面积为平原，温带季风型大陆性气候，年平均降水量约为500毫米，可谓十年九旱，生产力水平极其低下，生存条件极其恶劣。明代中期，由于北部鞑靼和南部倭寇的侵扰，战事连年不断，加上沉重的赋役、腐败的政治，人民群众为躲避剥削和压迫，纷纷向外逃亡。明末，以李自成为首的农民起义爆发，山西就是主战场，明朝灭亡，清军入关，当太原被清军占领后，全省范围掀起了声势较大的抗清斗争。战争带来更大的人口流动，大家熟知的"走西口"，就是山西人走出家门寻找生路的写照。

晋商遵从儒商的"取予有度"原则，实质上是商人对儒家义利观创造性的运用，反映了"义"本身含义的丰富性，这也正是晋商崇尚的"义利合一"的体现。晋商对传统儒商的推崇以及对明清社会思潮文化的适应，为其商业伦理的形成奠定了坚实的思想基础。山西地理环境的客观存在，明清时期社会经济基础的建立，与民族和文化的大交融，形成了晋商商业伦理睿智、中庸、节俭、忍耐、宽容、适应性强、善于理财经商的特点。

二、晋商商业伦理规范

（一）诚实守信

"人而无信，不知其可也""民无信不立。"，在5000年的历史长河中，中华民族处世特别讲究诚信，并将诚信作为中华民族的优秀价值观念和传统美德。虽然经历了上千年的历史演变，但是诚信的本色没有改变，如今，诚实守信依然是我们的做人根本、处事原则。

"信贷无诀窍，信誉第一条""诚招天下客，誉从信中来。"晋商认为商品贸易要发展壮大，诚信是第一位的，其次才是盈利，始终将诚信作为经营的内在约束机制。晋商诚信主要表现在三个方面。

一是财东和伙计之间，疑人不用，用人不疑。财东对自己选择的掌柜是完全信任的，将商号或店铺的所有事情交给掌柜处理，对其他小伙计也是以诚相待，绝不因为身份低微而轻视他们。

二是商家和顾客之间诚信买卖。无论顾客钱多钱少，都是同等对待，不缺斤短两，不坐地起价，做到童叟无欺。

三是商业伙伴之间诚信往来。晋商在选择往来商业对象时十分慎重，必是本分的商家是往来的基本要求。不压货、不拖欠，和所有商业伙伴能够长期合作共赢。《清朝续文献通考》卷十八这样评价山西票号"山右钜商，所立票号，法至精密，人尤淳朴，信用最著"，诚信为晋商赢得良好的声誉，使晋商的生意源源不断，日渐兴隆。

（二）公平交易

"生意全凭公道导，货真价实莫欺人。"晋商一直秉持公平交易的道德规范来从事商业活动，所以建立起了相对稳定的消费群体，保证了利润来源的稳定性，将"货真""价实""量足"作为公平交易应该遵循的最基本的原则。"货真"是对商品质量的要求，不掺假、不伪劣就是货真。

例如，晋商赵氏兄弟开的商号"六必居"就是以商品质量取胜，用上等、足量的原料，通过优良的设备在清洁的环境中加工、出产的豆酱纯正清香，以过硬的品质名扬海内外。"价实"就是商品定价与货品价值相当，不虚高，不二价。"量足"就是在使用度量衡量取商品时，不缺斤短两，不短尺少寸，买到与价格相当的商品数量。晋商大亨乔家以量足取胜，在商品售卖时使用比市面上还要加一两的斗秤，所有顾客在乔家商号买东西，不必担心分量上吃亏。乔家因此在业界树立了良好的商业形象。

（三）以礼待人，心存礼让

"礼"的起源与祭神有关。《礼记·标题疏》中说："礼事起于燧皇，礼名起于黄帝。"礼就是人与人之间秩序关系的建立。礼是一种内在的自我约束力，是修身修己的一种精神。晋商将儒家对礼的要求运用到商业贸易中，演化为商业伦理，要求做到恭敬辞让、以礼待人。晋商的礼表现为表面发生的顾客称呼的转换——区分商人和顾客的辈分之称,转变称呼带来的尊重,获得顾客的好感,为商号带来利益。做生意以盈利为目的,但晋商的礼还体现在利益的礼让方面,通过让利赢得顾客,促进了晋商商业的蓬勃发展。

每次招收学徒,要各方面考察,但最起码的是"家世清白懂礼貌"。在学徒请进后,将培养礼仪当作重点,从日常起居到衣食住行,从号外交往到号内事务,对学徒都有一套非常细致严格的礼仪规范。

晋商在《贸易须知辑要》指出:"学小官,要站在柜后,照看柜里柜外,看人做生意,听人说甚话的买卖,彼此交谈问答,对答贯串,必须听而记之。学小官,不可嘴快插言多嘴,如众人在一处议话,你可耳听,勿使眼望。"又道:"紧眼睁,慢开口"。由此也说明晋商对学徒的礼仪规范之严格。清代晋商炳记《贸易须知辑要》,记述了晋商接待顾客的规矩和方法:"生意人无大小,上至王侯,下至乞丐,都要圆活,谦恭,平和,应酬为本""柜上做生意,平心静气,和颜悦色,下气怡声,婉转相达,此乃生意乖巧之第一。"正是这种表面对顾客的以礼相待和内在利益上的以礼而让,树立了晋商良好的形象。

三、晋商商业伦理精神

(一)崇商敬业,守正创新

受中国封建传统观念的影响,商人在社会中的地位低下。晋商的出现,转变了这种观念。在晋商看来,商业追求利润的最大化,士追求官场通达,农追求自然经济的发达,工追求技艺的精湛,四业虽有分工不同,但在价值方面,都是追求各自的最高境界。所以,晋商认为商和士、农、工是同等重要的,没有高低贵贱之分。要做,更要敬。

这样的观念,彻底转变了商鞅变法以来一直推行的重农抑商思想。凡山西经商之人,必是学业出类拔萃之人。家族富裕学业优等的人,父母会出资供其经商;家境贫寒学业优等的,父母则把他们送到商号投入商海。清雍正二年(1724年)山西巡抚刘于义奏折说"山右积习,重利之念甚于重名。子孙俊秀者多入贸易之途，其次宁为胥吏，至中材以下方使之读书应试。以故世风卑靡"。雍正帝见到此奏折不可理解，于是朱批："山右大约商贾居首，其次者犹肯力农，再次者谋入营伍，最下者方令读书。"出于对商业的重视和崇敬，晋商这支商人队伍越来越纯正为出类拔萃的人物，越来越精英化。在精英团队的带领下，晋商业绩越来越辉煌。

干一行爱一行。晋商崇商，更敬业。精英团队组成的晋商团体，有很高的职业素养。他们热爱自己的工作岗位，有高尚的职业情怀，不会因个人小事耽误商业往来。太谷志成信票号的职员齐梦彪，一次奉命去广东分庄任职，一去就是十余年。十余年间，兢兢业业、忙前忙后操持票号各项事务。十余年后，家中突传噩耗——父亲去世。得知此消息后他伤心欲绝。为人子女，出于基本的孝道，他应该回家奔丧。但是，一则路途遥远，二则票号的业务繁多，他无法抽身，最终没能送父亲最后一程。在公与私面前，对自己的克制，就是敬业的最好表现。据粗略统计，明清至民初，晋商在外经商人口可达 30 万以上，这些人不仅是人中豪杰，更是敬业标兵。

晋商能够从无到有，由有而富，靠的不仅仅是艰苦奋斗，还有他们把握商机，结合地域、经济和社会心理实施创新。晋商打破传统的"学而优则仕"的观点，秉持"以学保商"的观点，足见其具备创新的品质。在经营过程中，不断学习，结合市场实际需求实施一系列创新。随着商品贸易发展的壮大，晋商积累了雄厚的商业资本。为适应日益扩大的市场规模，晋商结束了自资自营的"独资"和"代金制"的经营模式，采用一些措施融合资金扩充资本，将生意做大做强。同时，为了更好地经营管理，晋商在用人方面开动脑筋，极大地调动了从业者的积极性。

在融合资金方面，晋商先后实施了朋合制、合伙制、股份制这样的合作经营模式。朋合制是折色制推行之后，内商和边商合作经营的经营模式。山西商人（内商）将大量资本交给边商，通过订立契约而共同获取规定的利益。这种方式虽然优于自资自营，但由于边商在合作过程中的不诚信，导致弊端越来越明显，最终被合伙制取代。合伙制是建立在诚信基础上的由一人出资，若干同籍、同乡、同族合伙人共同经营的方式。随着市场规模的扩大，晋商采用股份制的经营方式，突破了合伙制

第三章　晋商文化的美学价值

同籍、同乡、同族的限制，能从各方面集合不同人的生产资源要素，按照入股份额进行分红。在当时的经济形势下，股份制的经营方式能有效促进商业管理。

晋商注重人才，在用人方面有自己独特的、严格的制度。晋商采用"东掌制"，类似于今天的董事长+职业经理人。东家以诚信忠义为基础，对掌柜完全信任，将一切事务交由掌柜处理，便于掌柜紧急情况下及时作出准确判断，不延误甚至错过商机。为了激发员工的工作热情，调动他们的工作积极性，晋商还采用了"顶身股"的分红制度。"顶身股"可谓晋商首创，由财东出资，掌柜和其他伙计以自己的劳动作为身股入股，依资历、智力、体力不同而占有的身股不同，参与分红。

另外，看中人才的晋商，在伙计、学徒的招录方面特别严格，实行"学徒制"。应聘人员需要考察家室是否清白、个人知识储备、能力等方面，优胜劣汰，最终留下来的人员要接受相关的业务培训，培训结束后，被配往商号，跟着师父学习。晋商对人才的激励和培养，不仅调动了积极性，也使管理更加规范，有效促进了晋商的发展。

（二）克勤克俭，艰苦朴素

"成由勤俭败由奢。"晋商尚俭，而积累了丰厚的资本。历史上，山西十年九旱、土地贫瘠，这些恶劣的自然环境让人们生活困顿，倍感物资的珍贵，在吃穿用度上总是很节俭。而晋商又多是从山西走出去闯荡的穷苦人，大多数都是白手起家，依靠自身的艰辛努力发展起来，所以都非常节俭。恪守勤俭节约、吃苦耐劳、艰苦奋斗的品质，晋商逐渐走向商业巅峰。常家第九代常万达，是晋商中开创中俄贸易最成功的代表人物之一。常万达有句名言："视有若无，视盈若虚。"成功的常万达不忘成功之本，在家族祠堂供奉了祖先放羊用的小皮鞭和粗布褡裢，用来提醒自己富足生活来之不易；也用来警示后人，让他们明白"成由勤俭败由奢"的深刻道理。后人也谨记先人来之不易的产业，处处注意节俭，连开办的织布厂都使用自己的家眷作为工人。

勤俭是商人自我超越的一种动机。晋商将勤俭作为传家宝祖祖辈辈传承下去，让后世子孙明白，创业守业，都需要勤俭。克勤克俭对于晋商来说是一种品德修养的表现。晋商认为勤俭才能致富，致富必须勤俭，勤俭是经商之本。节俭戒奢和勤劳进取的确也是能使晋商在激烈的市场竞争中保持一种既踏实稳妥，又坚忍顽强的风格。晋商把克勤克俭的美德代代相传，形成了一股不畏艰险、不怕吃苦创业守业的商业伦理精神，借助这股精神，晋商商旅遍天下。

（三）积极进取，勇于开拓

"天行健，君子当自强不息"是中华民族所追求的优良品质，也是晋商不断发展的力量源泉。我们常说"商场如战场"，经商不只有获取利益的一面，也存在巨大的风险和挑战。凭着进取的精神，晋商面对困难积极寻求解决办法迎难而上，克服了因交通工具落后而带来的长途跋涉的困难、财产安全的风险，商品贸易从省内发展至省外乃至国外，最后创立票号汇通天下，开近代银行业之先河，大大节约了人力、物力和财力，极大地推动了经济的发展。

在经营贸易中，晋商逐渐形成了在挫折面前绝不气馁，在困难面前誓不低头的精神，自强不息，勇于开拓。晋商善于做市场调研，及时发现市场需求，不断开拓新的贸易市场。当时的晋商大盛魁为了占领蒙古市场，不断观察、研究蒙古牧民的生活习惯，发现他们不擅长算账，容易在商品贸易中出错，所以，晋商就将布料和绸缎根据用途所需尺寸提前裁好，牧民直接选购现成的布料即可。蒙古牧民还习惯采用药包治病，有二十四味、三十六味、四十八味、七十二味四种不同的药包。大盛魁按照要求分包，再用蒙语、汉语、藏语表明每包药的药名以及功效，供蒙古不同语言的人购买、识别。晋商还注重了解到俄国人喜欢饮茶，便南下采购茶叶，远销至恰克图等地，创造了闻名中外的万里茶路。晋商能发展成为十大商帮之首，富甲天下，与这种永不言败、勇于开拓的进取精神是分不开的。

（四）修身正己，严禁陋习

孔子曰："见贤思齐焉，见不贤而内自省。"曾子曰："吾日三省吾身。"孟子主张"爱人不亲，反其仁；治人不治，反其智；礼人不答，反其敬。行有不得者，皆反求诸己"。晋商很注重自身修养的提高，因为他们深知商业最重要的是人才，而塑造人才最重要的方式就是修身正己。晋商将修身正己放在人才培养的首位，集儒家、道家、法家诸家文化于一体，着重在艰苦的环境和实际的工作业务中去考验、锻炼，使得他们不仅充分具备商人应具备的智勇仁强的基本素质，而且拥有克服各种艰苦条件的坚忍不拔的强大内心。

晋商作为一代儒商，将修养的培养放在了重要的位置，恪守"黜华崇实，修己安人"的祖训，先修自身，进而扩大至商号的掌柜和伙计，都必须守好清清白白做人，踏踏实实做事的本分。面对人性的弱点，人的陋习，晋商能够正确面对，并制定一系列"号规"加以约束。各家号规不一，但"吃、喝、嫖、赌、抽"都是作为严禁之列的。山西乔家家规"六不准"，"不准纳妾；不准赌博；不准嫖娼；不准吸毒；不准虐仆；不准酗酒"等，祁县大德通票号规定有"七不准"，还规定："不论何人，吃食鸦片，均干号禁。前已染此弊者，责令悔改，今后再有犯其病者，依号规分别处理。"这些号规内容详细，惩罚严厉，具有一定的威慑力，起到了有效的约束作用。

晋商非常重视教育，在他们发家致富后，毅然将自己的子孙后代送入私塾学习文化知识，把提高全族文化素质放在首位，促使其后代能够明白修身治国之道。例如，晋商榆次常家的常怿公自身信奉俭约，但是为其子侄辈延请名师，不惜重金，束脩赘赐。至此晋商形成了一股科学文明、积极向上的学习风气，乐得英才而教育，不求闻达于诸侯。

通过学习教化来提高修养，进而将这些修养推广至其他人，晋商这种修身正己的精神特质为后人留下了宝贵的精神财富。

四、晋商商业伦理的价值诉求

（一）创家立业，保持艰苦奋斗的勤俭作风

明代平阳府蒲州商人席铭曾说："丈夫苟不能立功名世，仰岂为汗粒之隅，不能树基业于家乎！"在他看来，大丈夫如果不能在仕途上有所发展，又不能做农耕之事，那么还可以选择通过从事商业活动来创家立业。席铭的话代表了当时许多

晋商的心声。我们不可否认晋商中的许多大家族，如：榆次常家、祁县乔家、渠家、灵石王家、太谷曹家等起初的创业都是因为家庭贫困，无法生计，把经商当作一种养家糊口的方式。但是伴随着他们的生意越做越强，商业帝国越来越庞大，他们开始创家立业，实现自我的真正价值。

晋商把商业作为一项终身而崇高的事业去做，他们个人不仅在商业上取得了巨大成功，而且在精神层面上也得到了极大的满足感，最后回归社会，从社会上得到他们应有的荣誉和尊敬。

晋商积累了丰厚的资本，建起了高宅大院。在别人看来，这就已经是了不起的创家立业了。但是晋商并不这么认为。晋商有深厚的家国情怀，认为家和国是密切关联在一起的，有国才有家，家是个人安身立命的场所，也是国家的基本组成部分。所以，在晋商看来，自己价值追求，是家国天下的重要内容，也是晋商后来为国捐输的重要原因。

勤能补拙，俭能治奢。在多年的商业经营中，晋商靠着勤快不断开源，靠着俭朴持续节流，一直保持了艰苦奋斗的勤俭作风。在乔家大院的门匾上写着"慎俭德"三个字，就是要教育子孙后代，一定要勤俭节约。晋商勤俭的佳话很多。在康熙年间，祁县乔家乔贵发从小父母双亡。为了生计，小小年纪就开始做苦力赚钱，攒了一些小钱后，与秦姓老乡合开了一间草料店铺，做起了豆腐、豆芽及其他杂货的买卖。虽是小本买卖，但二人非常上心，精打细算节约开支，资本积累越来越多。发展到乔致庸时，已经成为远近闻名的大户，店铺、商号不仅数量多，而且分布广。正是循着勤俭作风，乔家一步步发展壮大。

（二）爱国济民，关注国家和民族利益

儒家文化所提倡的修身、齐家、治国、平天下对晋商产生了巨大的影响，形成了"敦而好义，爱国济民"的商业伦理精神。晋商作为商人，在经营中追求商业利益的获得，但是，这种取得是以大家的利益为前提的，努力做到兼济天下。

发展壮大以后的晋商，并没有贪图自身享乐，而是饮水思源，努力回馈国家

第三章 晋商文化的美学价值

和社会，为国家和社会做出了许多的义举和善行。他们扶助贫弱、周济邻里、铺路建桥、输粟助赈、兴修水利、资助刊印、兴办学校，为一方百姓造福。晋商曾在光绪五年（1879年）八月捐赠书局刻书，获得曾国荃"义关风雅"的赠匾。晋商榆次常家虽然自身节俭，但是当遇到利国利民的事情的时候，他们却在所不辞，一掷千金。

前文提到晋商王家乐善好施，捐钱捐物义行乡里为民办实事，甚至在国家危亡之际，捐出宅院支持国家抵抗外族侵略。晋商乔家不惜自己遭受巨大经济损失，以晋钞面值为民兑换新钞；山西遇到严重的自然灾害，乔致庸慷慨解囊，一人捐白银万两，还搭起了粥棚，为灾民舍粥。还有晋商常家，也是与民共享利益所得，大行善义之事，为乡民子弟办义学。兴修水利解决人畜饮水、用水问题，还为国家捐献军饷。据统计，常家六代人，用于做这些善事的钱高达百万银两白银。另外，常家还积极参与书院捐助和灾荒赈济，曾为榆次书院捐助经费，光绪三年（1877年），山西发生了严重的自然灾害，民不聊生，常家捐出三万余金，常家爱国济民的做法，深深震撼了官府，知县和巡抚先后给予常家书有"崇文尚义""好行其德"的匾额。

清朝末年，西方列强瓜分中国。民族危亡之际，晋商挺身而出，团结起来，捍卫国家利益。山西矿产资源丰富，英国商人为从中获取最大的利益，竟企图将矿产权据为己有。晋商联合起来，坚决抵制英国商人。经过十余年的激烈斗争，最终保全了中国的煤矿、铁矿资源。八国联军攻入北京，人心惶惶，所有人逃的逃、躲的躲，店铺、商号也基本闭门谢客、停止营业，晋商票号则不然，为了使战乱中的客户生活有保障，他们在撤出北京之前，如数兑现了所有储户存款。

从整个晋商对待家国利益的处理方式来看，他们不单单是谋求自己的一己之利，而总是努力对社会有所贡献。晋商的种种义举，体现出晋商已经不是那种只为追逐蝇头小利的传统商人，而是更加注重自身的文化涵养，树立自身高尚的道德名节，塑造高尚的人格品行，爱国爱民，关注社稷，扶弱济贫，忧国忧民，具有高尚的家国情怀的商人。

第二节　晋商的经营文化

晋商的经营文化是晋商文化的重要组成部分，是晋商人集体智慧的体现。晋商取得的巨大商业成就与其经营文化的指导密不可分。在经营活动中，晋商把自己的商业智慧用到了经营中的方方面面，积累了丰富的商业经验，并为后人在经营管理、行业体系、职业道德、竞争价值观等方面树立了榜样。晋商在其经营中形成的商业文化是中国商业宝库中的一笔宝贵财富。

一、晋商的经营文化内涵

在晋商文化中，晋商的经营文化是它的核心部分。本书中所指的晋商经营文化主要是指明清时期的山西商人在商业经营中所创造的文化。晋商在经商活动中逐渐形成了自己独特的经营艺术，这些经营艺术组成了晋商的经营文化。

二、晋商的经营文化价值观

晋商的经营理念深受中国传统文化的影响。我国古代的商人受到了儒家、法家、道家、兵家等诸家文化的积极影响，明清时期的山西商人身上也集中体现出这些思想，其经营价值观主要包括以下四个方面。

（一）以义制利，诚信为本

商人在经商过程中赚取利润是天经地义的事情，但商人在面对利与义的问题上，获利的过程却有不同的选择。有些商人把狡诈和欺骗作为自己的经营准则，而晋商把重义与诚信作为经商之道。晋商崇尚信义，在义和利的问题上有其独特的理解。晋商在经营过程中遵循着以义取利的价值观，主张把伦理道德放在第一位，要做到见利而思义。"光绪年间榆次连续三年颗粒无收，甚至出现了易子而食的现象。当时常家就以修建院落为由，告诉大家，只要搬一块砖就可以在常家吃一顿饭。就这样房子盖了三年,也让大家吃了三年。常家这种乐善好施、急公好义的行为被大家所称赞。"①范永斗是清代著名的晋商,也是因其在经商的过程中讲信义而受到清政府的信任,后来才能当上"皇商",因而也获得了丰厚的利润。祁县富商乔致庸将其经商成功的原因归结为三点:一是守信,二是讲义,第三才是取利。

晋商在重义的过程中,还特别强调诚信对于商业经营的重要性。"若要富,开久铺",而店铺若想长久开下去,就必须以诚信为本。祁县首富乔家的商号号规中就包括"凡事待人以德,必须诚心相交,凡事自能仰仗"。山西商人认为只有在做生意的过程中坚持诚信,商业才能够得到长久的发展。因此,在商业活动中,山西商人最重视诚信。清代的郭嵩焘就曾在自己的日记里写道:"山西和陕西商人论智力不如浙商,论推算能力不如江西、湖广一带的商人,而他们之所以能够世代延续经商,主要因其心仆而心实。"

晋商特别珍惜诚信。众所周知,晋商从事各种各样的商业活动,经营出售着各种各样的物品,但是晋商在经营过程中无论买卖大小,利润多少,其出售商品时都能始终如一地做到绝不缺斤少两,并且货真价实、童叟无欺。如果发现出售的商品是劣质商品,晋商宁愿赔钱,也不会将其出售给客户。晋商知道,只有诚信经营人们才会与其打交道,一旦声誉丧失,生意自然就会失败,总之只有重信誉才能成功。

(二) 儒贾相通,重商立业

在我国封建社会时期,统治者重农抑商,读书的第一选择是为了步入仕途。从事商业在人们的传统观念中是择业的最后一个选项。明清时期社会对于儒和贾的一般看法是儒为追求名高,而贾是为追求丰厚的利润。人们普遍认为儒和贾所追求的目标截然相反。此时山西商人却已经提出儒贾相通的观念。晋商认为商与士只是职业不同,但有一些方面是有共同点的,比如在做人的原则和在道德方面,所以在人格尊严上不应该有高低之分,从事商业的人并不比别人地位低下。一些

---

① 陆斌. 儒商文化:三晋儒商数常家[J]. 旅游时代,2003(11):42.

文艺美学视域下的晋商文化

晋商子弟对于儒家文化的学习出现了一个良性的循环周期。晋商在学习儒家传统文化的过程中,不仅认为儒和贾相通,而且还认识到读书对经商有益。通过不断地学习儒家文化,再次从"入仕"转变成为了"经世致用"。对于晋商而言,"经商者不仅熟读儒家经典,更重要的是以儒家恪守的信条作为品德修养的根本,并将这一根本应用到商业活动与一切社会活动中"[①]。

山西商人将经商作为一个非常光荣的职业。从晋商经商的史料来看,山西很多人在外经商,10多岁就出外经营贸易,等到积蓄了一定的钱财,才会回家娶亲。从史料中可以看出山西商人重商立业的经营价值观。

山西商人把从事商业看作实现其发家致富、光宗耀祖的一件事,他们让家族中最优秀的子弟投入商业,经过好几代晋商家族中优秀人才的经营管理,晋商的商业贸易越做越大,这些优秀的人才也成为有文化的商人,从而提高了山西商人的整体素质。

(三) 爱国济民,注重创新

晋商继承了中华民族的爱国精神。因此,许多山西商人在经商中积累了大笔财富后又将财富重新投入社会。他们不仅帮助孤寡老人、为贫困患者提供帮助,还积极承担社会责任。

在清末,由于清政府的腐败无能,一家英国公司在盂县(隶属于山西省阳泉市盂县)、六安(隶属于安徽省六安市)、泽州(今山西省晋城市泽州县)、平顶山和山西平阳获得了五项煤炭和铁矿的开采权。1905年,为了维护国家利益,山西商人积极参加了山西人民争取矿权的运动,筹集了白银200万两,从英国商人手中赎回了山西煤炭开采权,保护了山西煤炭和铁矿石资源。1919年,由于外国资本的入侵,使得民族工业遭到挤压,有的甚至面临破产,在这种背景下,山西商人不仅发起了抵制外国商品的行动,还成立了"山西商人自强会""太原商界抗日救国会""山西商界抗日救国会",这些组织积极提倡使用国货。这些例子都反映出山西商人的经营价值观,积累商业财富的同时不忘报效国家,当有能力时积极

---

① 陆斌. 儒商文化:三晋儒商数常家[J]. 旅游时代,2003(11):42.

承担社会责任。

晋商能取得如此巨大的成功离不开其勇于创新的商业追求，这也是山西商人获得持久竞争优势的力量源泉。其最重要的创新精神体现在运营的高效管理体系中。

（四）唯贤是举，胸怀天下

晋商认为人才是企业兴盛的根本。晋商在经营管理过程中坚持任人唯贤的原则，经过长期的摸索总结出一整套相当先进的选人用人机制。晋商对于经商人才的培养非常重视，在山西商人经营的商铺中普遍推行学徒制，不仅培养学徒的业务能力，更注重培养其道德品质。学徒只有通过层层考核才能成为山西商人需要的人才。晋商在用人的过程中充分发挥员工的长处，了解每个人的潜力，因为每个人都有自己的长处，有的人善于经营，而有的人在管理方面占优势。晋商根据他们的优势合理安排工作。山西商人在经营过程中总是能做到赏罚严明，不徇情也不护短。许多晋商的商号票号之所以能成为百年老店，很大一部分原因在于他们能够善于用人，重视人才的培养。任用了像李宏龄、阎维藩等优秀的人才，使得晋商在这些优秀人才的领导下不断取得发展。

山西商人雄心勃勃，他们把目光投向了世界。他们在明初抓住了"开中制"的巨大机遇，以此致富。由于山西商人的不懈努力，他们的业务网络遍布全国，甚至扩展到了亚洲和欧洲。特别是在19世纪中叶，山西商人不仅垄断了中国北方的贸易和资本配置，而且进入了亚洲和欧洲市场。

可以说，当时的晋商确实使中国商品流通到全世界，不仅做到了货通世界，还实现了汇通天下。山西票号中日升昌票号的创办代表着中国旧式银行业的开始。

三、晋商的经营文化精神

（一）勤俭谨慎的敬业精神

勤劳俭朴自古以来就是中华民族的传统美德。山西因为自然条件比较差，在这种环境下塑造了山西商人纯朴节俭的性格，但是，山西商人在发家致富后仍继续保持着这种勤恳而朴实的品质。山西商人在经商过程中非常谨慎，不轻易冒风险，也从不打无准备之仗，所做的决定都是建立在充分调查了解实际情况的基础上。

晋商在经营中总是稳扎稳打，逐步推进，因此即使在商场中遇到大风大浪仍能挺过来。例如贷款，这是山西票号经营中的一项非常重要的业务。此业务的风险很高，因此在决定借出钱款之前，必须对借款对象进行详细的了解，了解的内容包括借款方的资产、借钱的目的、将来是否有能力还清这笔债务、借款人的财务状况等，根据这些条件最后作出决定。晋商在经营中认真谨慎，尽最大努力防止可能出现的疏忽，这些充分体现出晋商的敬业精神。

（二）敢冒风险的进取精神

很多山西商人都出生于贫寒的家庭，家里没有多余的资金支持他们创业，因此，为了获取微薄利润他们不惧从负重艰难开始。为了追求更广阔的商业市场，他们依依不舍地告别家人踏上了一条餐风饮露、冒险跋涉的路程。尤其是常年在我国新疆、蒙古、俄国和日本开展商业业务的山西商人，不仅需要克服不同语言和生活习惯的障碍，而且有时还会面临生命危险。

晋商的不易也可以从当时留下的商谣中看出："创业难，创业难，要创家业如登山。五更起，半夜眠，不避风雨往前颠。一上坝，变了天，口外刮风雷吼天。田野无村无人烟，犹如走进鬼门关……"在艰难险阻面前山西人并没有退缩，他们坚持了下来，秉承进取的精神，积累了雄厚的资金，称雄于商界。

（三）同舟共济的群体精神

群体精神最突出的体现是团队精神，这是山西商人群体不断壮大的重要原因之一，也是晋商的独特文化。山西商人非常重视在商业活动中发挥团队的力量。他们用地缘关系结成友谊，起到相互团结的作用，并通过会馆文化和共同信奉尊重关公来增进彼此之间的相互了解。山西商人利用信义结成了商帮，协调晋商中不同群体之间的利益关系，消除人与人之间的冲突，最终形成了很多大小不一的晋商商业群体。

当山西商人在经营中遇到困难时，山西商人也以行会的名义与当地政府或与其他商业集团进行谈判，以维护商人的利益。晋商商会利用全国各地建立的会馆来加强彼此之间的联系。简言之，山西商人的商帮以地理和血缘关系为纽带，达成了商人之间遇到困难互相帮助的目的，团结了来自各地的山西商人。晋商的这种群体精神，使晋商在商海中遇到大风大浪时，能够同舟共济，团结一致，共同抵御风险。

山西商人都有自己指定的"相与"（即经商中友好的山西同行），一旦确定为"相与"的关系，就必须做到善始善终，遇到麻烦时，一起面对。比如，榆次常氏的天亨玉商号掌柜王盛林，在东家发生破产需要抽回在天亨玉的资本还债时，便向其"相与"大盛魁借款白银数万两，让东家将资本、利润全部抽走。此时的天亨玉没有一点资本，全靠借款支撑店铺的经营，但是在这样的不利环境下，仅仅是将字号改成为天亨永，店铺照常营业，并没有发生倒账的情况。这不仅是因为王盛林的个人信用，更重要的是多亏了其"相与"的帮助。1929年大盛魁商号遇到危机时，王盛林认为该号受过大盛魁"相与"的帮助，不能过河拆桥，不顾一些人的反对，仍然从业务上、经济上支持大盛魁，帮其渡过难关。

四、晋商的经营策略

（一）审时度势，灵活机动

明清两代晋商的成功与其正确运用商业策略有关。商业市场瞬息万变，不同顾客的需求也在不断发生变化，因此业务活动必须具有灵活性，只有充分了解了市场所需和顾客所想，根据他们的要求提供货物，生意才能获得成功。晋商吸收了前人的成功经验，擅长评估利润情况和灵活开展经营管理活动。比如茶叶生意，山西商人刚到武夷山收茶时都是采用散茶打包的方式，用这种方式打包的茶叶在运输过程中既占空间还特别容易受潮霉变，因此，经过多次实验，山西茶商将松散的茶叶制成了砖茶，不仅方便了运输，还保证了茶的质量。

大盛魁负责蒙古业务的山西商人，在其开展业务过程中，就得出了结论：组织货物供应要有针对性，营销方法必须灵活多样。

在蒙古进行商贸，面对的顾客多是蒙古牧民。蒙古牧民以肉食为主，所以喜欢喝砖茶。大盛魁就在自己开的茶叶店里对茶进行加工，做成了砖茶，以满足蒙古顾客的需要。在日常生活中，蒙古牧民在服装面料方面倾向于结实耐用，据此，大盛魁供应了大量此类布料。在满足蒙古市场需要的同时，山西商人还根据蒙古牧民的习惯将面料制作成不同大小的蒙古袍，这使蒙古牧民的选择更多，都能买到自己满意的衣服。因为深知顾客的需要，其所销售的商品深受当地牧民的喜爱，也使得大盛魁在蒙古的店铺历经200余年都没有衰败。

（二）薄利多销，重视商业信息

晋商经过多年的经营总结出了薄利多销的经验。祁县乔氏在包头的各"复"字商号出售的米面永远不会掺假或少分量。与市场上其他米面铺所使用的斗秤比起来，该店铺所使用的斗秤更偏向于顾客的利益。一方面他们在营销中坚持薄利多销；另一方面以其热情周到的服务赢得了客户的欢迎，因此"复"字商行的店铺在包头居民心中是相当可靠的品牌，人们愿意购买"复"字牌的商品。

历史上称山西人为"九毛九"，这并不是贬义，而是赞扬山西人在经商中凡是可以挣一元钱的情况下，却只挣"九毛九"，始终让利于顾客。在薄利原则的指导下，店铺的经营者不会因恪守利润底线而与供应商或消费者产生紧张关系。在开展业务过程中，经营者还特别注意及时了解各地的市场状况和业务状况的变化。

在总商号中，为了能够及时了解各分号的情况，制定了相应的措施。"三日一函，五日一信，一月一总结"的规定就方便了总号能够及时了解各地商品的价格走势，通过汇报做到上下左右通气。市场信息的及时了解，使得晋商在市场竞争中能作出正确的选择。

太谷曹家沈阳商号的负责人富生峻，有一年秋季回乡探望亲人时，在路上看见农田里的红高粱生长得非常好，情不自禁地折取了几根，却发现高粱的茎内已经有了很多的蛀虫，因此断定会出现虫灾，在这种情况下高粱不可能获得丰收，这样的结果必然会导致高粱的行情大涨。他当下放弃回乡探亲的决定，立即返回，迅速组织店铺员工大批买进高粱，而其他商号被高粱的长势所迷惑，大批卖出高粱。等到了收获的季节，高粱的产量比往年少了很多，物以稀为贵，高粱的价格也就涨了起来。富生峻负责的商号在这场经营活动中获得了很大的利润。

（三）紧抓机遇，和气生财

明清时代，晋商紧紧抓住了四次发展机遇，逐步走向辉煌。清军入关后，清政府重视对边疆地区的大力开发，出台了许多对商业经营来说有利的政策。晋商敏锐地发现了这一巨大商机，因此清政府推行满蒙友好政策时，山西商人立即开始了与蒙古之间的商业贸易。通过通往蒙古各地的驿道，他们渐渐地深入蒙古各地区，从漠南到蒙古各部落，晋商取得了巨大的商业成功。在经营中，晋商重视在和气中获利，强调做生意时的态度，不仅对顾客和商业合作伙伴，还包括对商业竞争者、商号的内部职工，晋商坚持要和气生财，和气才能做成生意。

总之，晋商在经商活动中逐渐形成了自己独特的经营艺术，这些经营艺术组成了晋商的经营文化。

其一，诚信为本，塑造品牌。晋商在经商的过程中，坚持诚信，把商誉等同于生命。因此，晋商宁愿多努力、多吃苦，勤勤恳恳、踏踏实实地做买卖，也不愿意投机取巧卖假货，宁可折本也绝不缺斤少两。清代山西大盛魁商号在蒙古销售商品时，尤其重视商品质量，以至于当地人认为"凡是大盛魁的商品，绝不用怀疑质量"。

其二，周到服务，薄利多销。晋商为了增加利润，扩大营业额，采取"薄利多销和周到服务"的策略，博得了客户的拥护和信赖。

其三，掌握情报，灵活高效。我国地大物博，不同市场的需求状况并不一致，而这一情况对于商业的发展又极为重要，及时获取有效信息是经商的重中之重。因此，晋商安排不同渠道获取情报、分析市场，从中了解各地商品需求状况和政府相关政策、商品生产等各种情报信息。各个商号和票号将生意成功的关键放在对商场信息的搜集、甄别、分析和运用上，使经营灵活高效。

其四，酌盈剂虚，高效融资。晋商有专门开办的票号，用来经营存款、放款及汇兑的业务。此外，晋商还有自己的钱庄、当铺等金融机构。随着商号业务发展的需要，很多城镇设分号，异地之间也出现调拨资金的要求。如介休冀家除经营茶叶、绸缎、布匹、皮毛等商号外，还有钱庄、账局、票号、当铺等金融组织，工商资本和金融资本同时存在，从而缩短了资金运作的周期，使资本充分循环利用，进而达到资金创收最大化的目的。

其五，设置会馆，保护商利。晋商由于经商的需要，经常客居他乡。为了发展生意、联络情感、交流信息而修建了众多的晋商会馆。无论晋商在何处经商，都会建立同乡会、行会，通过制定行业的基本规章制度，解决商业矛盾，密切联系晋商各票号之间的关系，形成合力，共同发展。大会馆执事由各个商号的负责人选举产生，通过晋商会馆定期或不定期的聚会，有效地进行经营约束和利益的自卫。如今留在全国各地的晋商会馆便是最好的历史见证。

第三节　晋商商业管理文化

晋商商业管理文化自成体系，体现了晋商经营过程中的理念、艺术和水平，是晋商文化中最为后人关注的部分。在封建社会，并没有完善的法律法规来保障商人的权益，"重农抑商"的政策严重束缚了社会的择业思想。如果没有一套有效的商业管理体系和制度保障，晋商是不可能称雄数百年的。晋商商号的企业管理制度是其赖以存在发展的根本保证。

一、商业管理机制

（一）商业组织结构制度

晋商在其成熟时期所采用的组织架构形式为总分号与联号制并行的模式。所谓总分号就是晋商商号均有一个总部，一般设在祁县、平遥、榆次等晋中地区，在全国其他城市设立分号。联号制由晋商的大股东出钱投资，在不同领域投资，经营不同或相同业务的商号，但彼此之间各自独立，生意上相互联系，相互支持。

最著名的就是"蔚"字五联号，即蔚泰厚、蔚丰厚、蔚盛长、新泰厚、天成享五家票号，这五家票号设立时的股东都是介休富商侯荫昌。总号、分号内部机构设置基本一致，一般各商号人数不超过 10 人，具体为掌柜 1 人，分号掌柜由总号大掌柜任命并受其领导，全面负责分号的各项工作；账房 1 人，负责商号的账目及银钱出纳；文书 1 人，负责商号间的书信往来；跑街 2~6 人，负责了解市场信息、招揽生意。分号缺少独立的地位，拥有的权限在于处理日常琐碎的事务，涉及重大事项和关键事务，要听从总号的统一管理。分号接受总号的监督，需要定期及时向总号汇报各自的经营状况。总号也会突击巡庄，派人前往分号检查管理与经营状况。

各地分号接受总号的集中统一领导，在总号的调度下开展汇兑等业务活动。总分号之间以信函的方式进行沟通。总号指示经由定时传递的信函送达分号。晋商总分号制度的组织架构体现出总号的高度集权，总号将机构设置权、人事任免权、资金调度权、盈利分配权等集于一身，充分避免了总号的大权旁落，只赋予各分号业务开拓权、资金运用权、人事管理权等，有效收束起各分号可支配的权力。

晋商通过总号对分号的控制实现统一指挥，通过分号间的协作来实现信息共享与风险规避，再通过联号实现商业覆盖，这使得晋商在组织机构上实现了网格化，即既有纵向的总分商号又有横向的不同经营内容的商号，抵御风险的能力大大提升。这样的架构充分发挥了规模经济的力量，从而成就了晋商的汇通天下。

（二）资金组织形式

晋商早期的资金组织形式就是独资制，自己的钱自己经营。随着规模的扩大，开始逐步过渡到合伙制。一部分合伙制是共同出资共同管理，一部分是一方出资一方管理。到晋商成熟期时，合伙制逐渐演变为"股俸制"。股俸制是将商号所有资金平均分为若干份，一般几千两银子作为一俸，各股东按照自己的出资情况记账，以此来收取红利。股俸制使得产权主体分散化，并产生了与之相适应的两权分离管理体制和利益分配机制，是现代股份制的雏形。晋商股俸制是晋商独创的中国最早的企业制度，包括正本、副本和银股、身股。晋商文化最核心的两个字就是"信"和"义"，从晋商的资金形式看，它承担的是无限责任，这样的责任撑起了晋商文化的精髓。

晋商股俸制与现代股份制最大的区别就是承担风险与责任的问题不同，晋商承担的是无限连带责任，一旦商号出现亏损就要以全部家产相抵。晋商最终的衰亡与其承担的无限责任有着密切关系，但也应该看到承担无限责任在一定程度上为晋商的发展提供了较为雄厚的资本条件。

（三）经营管理方式

在经营管理方式上，晋商实行财产所有权和经营管理权两权分离的制度，即晋商家族聘用能谋善断、具有远见卓识的人（大掌柜）来管理全部产业，给予其全部财产管理权，而晋商家族当家人（财东）则一概不问，坚持"用人不疑，疑人不用"的原则。

晋商经营中两权制度虽然是以"诚信"为基石建立的，东家们为了掌柜能尽心尽力经营业务，往往都会允诺给掌柜一定的股份，并通过签订合约的形式来保证掌柜的股权。这个合约规定了东家与掌柜各自的权利与义务。掌柜往往拥有经营管理权、资金调度权、重大决策权及职员的调配权等权力，负责商号内的一切事务。而东家只管出资与人事任免，一旦选定大掌柜，则会将商号内的事务交由掌柜一并处理，并约束自己的家人不得参与商号正常运转。晋商在经营和管理方面一直执行两权分离的制度，使这些企业的产权明晰并且有效率。

晋商的两权分离基于对经理人人格和品质的完全信任。晋商财东对掌柜的信任是无条件的、绝对的、不会更改的，除非大掌柜损害财东利益的行径已经昭然若揭，否则财东只负责在年底结算时收取红利或者赔付亏损，至于掌柜采用何种策略、何种方式，财东一概不问。晋商的这种绝对信任有着深刻的历史和社会原因。

第一，自古以来，晋商无论是招聘伙计还是掌柜，均用本土本乡人，这种抬头不见低头见的关系圈子使得掌柜不敢有谋私行为。

第二，晋商财东与掌柜所处的社会很封闭，掌柜一旦有恶意损害财东行为的情况而被驱逐出号就会登上"黑名单"，这种封闭性使得这份"黑名单"很有分量。这个名单上的人首先肯定无法在商界立足，即使务农也会受到乡邻的唾弃；再者，背信弃义的行为也极有可能会给子孙后代带来极大的负面影响。

基于深刻的社会环境条件，掌柜的行为具有了极强的自我约束力，委托代理成本极大降低。但是，这种两权分离的方式也使得晋商在后期出现比较严重的问题。第一，大掌柜权力极大，但能力不足。晋商票号改组银行就是因为大掌柜的不同意而夭折，这使得晋商错过了一个很好的发展机遇。第二，掌柜能力很强，财东能力不足，诱发掌柜道德风险。随着资本主义的入侵和封建传统观念的削弱，掌柜的谋私后路变得开阔，当面临财东能力不足特别是对掌柜的掌控能力比较低时，掌柜就会出现损公肥私的行为。

晋商经营中所有权与经营权分离制度，商号无论盈亏出资的东家都承担无限责任，这种制度免去了掌柜怕亏损给自己造成损失的后顾之忧，在经营中可以大胆进行改革，敢于作出决策，有利于及时抓住机会，迎接挑战。这种理念为晋商的辉煌夯实了思想之基。

二、人才管理机制

晋商十分重视人的作用，人是第一因素。晋商在接班人培养、员工选拔、员工任用、员工培育以及薪酬管理上都拥有一套规范非常严格而且具有很强激励性的制度，这些在人力资源管理上的制度保障了晋商商号其他各项制度的良好执行。

（一）以能为先恪守信义的接班人制度

晋商文化中一个很重要的内容就是家族文化，晋商商号都是一代传一代地传续下去，绵延几百年，可见晋商商号的接班人计划是比较成功的。

晋商的接班人计划主要表现为对所有可继承人的培养和教育，之后视情况而决定家族的接班人，即建立在血缘基础上的以能力而非长幼为原则的继承人选拔规定。介休范家的第三代接班人是三子范毓宾，祁县乔家的第二代接班人是二子乔全义，乔家第四代接班人是三子乔景俨，这些例子都很好地说明了晋商立贤不立长的规矩。对所有接班人的教育，晋商主要培养的是他们的品性。

第一，职业理念。晋商对后辈的职业理念教育使得不少人摒弃了传统的"士农工商"理念，开始慢慢了解商业、投身商业。

第二，读书精神。晋商在子女的教育上很重视读书，晋商认为读书是修德最好的途径。

在晋商大院里到处可以看到有关读书的楹联，如祁县乔家的"百年燕翼惟修德，万里鹏程在读书""诗书即未成名究竟人高品雅，修德不期获报自然梦稳心安""读书好经商好学好便好，创业难守成尤难知难不难"；太谷曹家的"忠孝两字传家国，诗书万卷教子孙""万卷藏书宜子弟，诸峰罗列似儿孙""闲来登山临水何其趣也，静以读书评画不亦乐乎"等楹联。晋商一代又一代的接班人，以平等的职业理念和一心读书的精神为基础，在纷繁复杂、风云变幻的几百年间维持着各家商号，使之存续。

对接班人的培养，晋商还有重要的一个方面就是对人的信任与控制能力的培养。由于晋商实行的是所有权与管理权分离的制度，在培养接班人时晋商竭力在给后继者奠定一种良好的基础，树立科学的用人观念；但同时又培养后继者敏锐的观察力和个人领导力，以期能够很好地控制掌柜。

（二）定位准确规则严密的招聘制度

人才使用是立基创业之根本，晋商尤其注重人才的选拔，他们把德、贤作为选拔人才的两大标准，并据此确定了用人的三大原则。

一是避亲用乡。即员工必须是本乡本土之人。"用乡"是为了利用乡亲增强凝聚力。所谓"同事贵同乡，同乡贵同心；苟同心，乃能成事"。"避亲"指用人时回避亲戚，这是为了严格管理制度。

二是破格提拔。即一旦发现人才便打破常规，破格提拔，委以重任。如祁县乔家大德通的掌柜高钰就是东家乔致庸破格提拔的人选。

第三章　晋商文化的美学价值

三是择优保荐。员工必须有保荐人推荐和担保。德才兼备的"优"才选出后，必须由有一定地位的人担保，保证被保人进入店铺后出现的问题由担保者负责。

"使用同人，委之于事，乃山西商号之通例。"同乡原则一方面能够对员工有一个知根知底的背景了解；另一方面是能够很好地形成企业发展的向心力与凝聚力，保证人员队伍的相对稳定性和运营的安全性，实现"同事贵同乡，同乡贵同心；苟同心，乃能成事"。避亲原则弱化了晋商内部的裙带关系，使得晋商掌柜可以按照规定管理员工，尽量少考虑人情世故的影响，实现员工的有序流动。"同人全须有殷实商保。倘有越轨行为，保证人负完全责任。倘保证人中途疲歇或撤保，应速另找，否则有停职之虞"，保荐人原则要求保证人一方面是有名望、家境殷实之人，另一方面能够对员工的所作所为承担责任。

也正是通过这样的原则更加稳定了晋商的人才队伍，实现了同心同德。晋商商号的招聘流程与现代相差无几，有考试有测试，体现了其对人才招聘和选拔的重视。仅就其招聘的三点原则来说，争议很大。首先就是招同乡人无疑会大大缩小人才的覆盖面，无形中损失掉了部分人才；其次就是保荐人无疑会复杂晋商企业内部的关系，裙带关系、小团体现象严重。任何一种制度都不可能完美，可是晋商通过这三点招聘原则为商号招到了一代又一代的人才。

（三）培养与使用并重的人才制度

晋商商号的招聘从学徒开始，招到学徒后，要对学徒进行教育培训，一般以三年为限进行培养考察，到期决定是否留用，这便是"晋商学徒制"。晋商的学徒制包括选人、培训与实践三个方面。

1. 选人

在许多山西人眼中，进入商号店铺工作，也就是踏上了一条求取富贵的便捷之路。因此许多家长都希望子弟能够进入商号当学徒。供大于求的局面必然导致学徒的选用标准比较严格。首先，"学徒要在同乡之中选拔，既便于管理，又惠及乡人"。其次，要由有一定地位的乡民担任保人，并为其书写保证书，以证其家世清白。这是出于对学徒人品道德方面的考虑。再次，"学徒年龄有一定限制（一般在 15～20

岁之间），身高 5 尺以上，且相貌端正，举止大方……"最重要的是被选拔之人要有一定的文化基础，善珠算，精楷书，还要知礼节，懂礼貌，能吃苦。

2. 培训

晋商对学徒的培训主要分为业务和道德两方面。对学徒的业务培养一般分为三个阶段。

第一阶段是日常杂务训练。这期间，学徒首先要学会最基本的礼仪规范，《贸易须知》是晋商培养学徒的一本手册，里面记载："行者，务须平身垂手，望前看足而行……若獐头鼠目，东张西望，急宜改之。立者，必须挺身立稳，沉重端严……坐者，务必平平正正，只坐半椅，鼻须对心……食者，必从容缓食，箸碗无声，菜须省俭……睡者，贵乎屈膝侧卧，闭目吻口，先睡心后睡目……"其次要学会各种杂事处理，"清晨起来，即扫地、掸柜、抹桌、擦椅、润笔、拎水、烧香、冲茶……""晚则写字，习记账，详记货品及价格，练习对于掌柜及顾客之仪容言语"。这个阶段大概就要持续一年的时间，就是要观察培养学徒的耐心、耐性，看其能否适应商号工作。

第二阶段是业务训练。这期间，学徒首先要进行文化课学习，主要就是练字和语言两方面的内容。商号的每个学徒都必须写一手非常漂亮的毛笔字并且要能够熟练用满语、蒙语、俄语等语言与当地人交流。其次要进行业务课学习，主要是珠算和记账。

第三阶段是跟随老员工实践。这个时期，学徒可以跟着老员工到柜上学习做生意的技巧，一旦训练完成就可以成为正式伙计，派往各地分号工作。晋商学徒制这三个阶段的培训都有一条主线贯穿其中，那就是道德品质的教育和培养。

3. 实践

学徒们经过一定期限（一般是两年）的培训后，便进入了实践阶段。这时掌柜会根据商号的需要以及学徒习得成果和现实需求将他们分配到不同部门，跟着指定师傅边工作边学习。

在此期间，掌柜们会不定时对学徒的商业伦理道德及业务素质进行测验，并最终淘汰不合格者，留下合格者。这样经过几轮的选拔培养，被留下的学徒不论在业务方面还是商业伦理道德方面都比较合格。最后将合格的学徒全部派往各个分号工作，以实践锻炼培养之。

外派工作时，往往将学徒派往边远艰苦之地，之后再慢慢观察、提拔。一般晋商各商号均是将学徒先派往归化（现内蒙古自治区呼和浩特市）、库伦（现蒙古国首都乌兰巴托市）、迪化（现新疆维吾尔自治区乌鲁木齐市）等偏远之地，之后调任如苏州、汉口等较大的城市分号，最后调任北平（现北京市）、太原分号直至总号。晋商认为这样的培养道路有益于人才的成长。

《贸易须知》里也说，"与子弟生意者，切莫先送入大店。大店内本钱是大的，生意是大的，气概是大的，眼眶是大的，穿的是绸缎，吃的是美味，如此排场难免嫖赌，将以上行为日趋看在眼里，日久成风，岂不误却终生""但有子弟，必须先送在小店里学生意，而小店虽则本小，但为事俱系寸金步子，论穿着，不过布单衣服；论吃者，不过粗茶淡饭；银钱细算，分文厘毫不肯费用，只讲勤俭，并不奢华，寻常日用必需，就若居家一样，况而烧锅煮饭，上门下门，他既受过这般苦楚，见这等行为，就晓得银钱非容易寻，亦知当家过日，但人情物理，些微明白，如果生意学成有六七分，然后再入大店，自此事务明白，则不肯妄为，而学问渐高，见识渐远，为人毕竟超群"。晋商在外派员工的同时，也执行轮换制。

晋商商号工作人员大致可以分为两类：其一为内务人员，主要负责商号内部事务，如文书、账房；其二为外事人员，主要负责商号与主顾间的事务，如跑街。内务人员常常抱怨纪律太严，稍有不慎就会出错；而外事人员常常抱怨生意难做，要看人脸色。为解决这一问题，晋商普遍采用在固定时间双方互换岗位的制度来让员工深刻体验对方的工作，达到既消除隔阂又实现全面培养人才的目的。从员工晋升角度讲，"一旦升为领袖，如仅学得片面知识，设遇不屑同事，欺尔不明，易于发生倒账榨取之弊。未内外明白，不能防患未然"。再者，"市面情形，因地而异，老游于此，彼庄之事，未必详明，故有一班而调任数处，或一处一班而不克续班之例，意在号上之人对各地情形均知底细，设有一庄领袖另有调用，别位前往接替，下马便可伸手做事，并可防杜同人弊端"。晋商通过外派制与轮换制，实现了商号人才的培养和储备，也提升了商号的活力。

（四）严格的各项用人管理制度

晋商在员工关系管理上做得最好的一点就是万事均有制度保障。制度是保证公平最好的方式。晋商不光有着创新制度的能力，更重要的是执行制度的坚持。晋商号规对号内人员无论是学徒、掌柜还是财东都有着铁一般的纪律要求，更难能可贵的是这些号规都对所有员工公开，以此指导员工行动，维护组织内部统一。

晋商将自己的各项制度全部向自己的员工予以明确告知并写入店规，从程序上保证了公平公正，对于员工有着很好的导向作用。晋商所采用的管理方式很专制，掌柜说怎么办就怎么办，最终结果由掌柜负责，这样的方式有利有弊，在现在看来，好的或者不好的管理制度，都是白纸黑字写在店规里的，所有人都能够看到，这使得员工踏实并有奋斗方向。

（五）坚持长期激励的薪酬原则

晋商文化讲求协调各方利益，协调员工的利益与企业的利益，使二者能够实现共赢。晋商独创顶身股制度，允许商号的掌柜和伙计按照贡献的大小将自己的劳动作为资本入股，与财东和各出资人的货币资本一起参与分配。山西商号的股份制分为"银股"和"身股"。出资者为银股，出力者为身股。其中银股为东家们出资的股金，"身股"又叫"劳股""人力股"，这是在基本薪金之外根据号内掌柜伙计的能力与贡献而设，是对掌柜与伙计的一种奖励，一股从一厘到十厘不等。从大掌柜到普通伙计都可以获得身股，一般大掌柜的身股是由东家决定的，伙计的身股由大掌柜来定。通常情况最高者如大掌柜可顶到一股十厘，二掌柜、三掌柜一股可顶到七八厘，按职务递减，最低也有一厘以下的，学徒一般没有身股。身股分盈不分亏，即不承担损失后的责任，这与银股的规定是不同的。银股可以抽走、继承、转让，而身股却无法在人员流动时被带走，可谓人在股在，人去股无。

在票号最盛时期，票号一个账期一股可以分得1.7万两白银，顶一厘的普通员工就能拿到1700两白银，而一个七品县太爷的年俸仅仅1045两，所以才有民谚说："生子有才可做商，不羡七品空堂皇，好好写字打算盘，将来住上茶票庄。"商号员工的三分之一都可以顶到身股，晋商顶身股对普通员工的覆盖面之广使得员工认为经过自己的努力是可以顶到身股的，通过勤勤恳恳、踏踏实实为商号做贡献是能够实现自身价值的，顶身股制度成为切切实实可以执行的制度，也为所有员工认可接受。高层管理者几乎都拿到了身股，这对于商号今后制定政策、贯彻执行政策都起到了积极作用，也对普通员工形成强大的吸引力，激励其不断提高知识技能，以期获得更高的职位和更多的身股。一股能分多少银子取决于商号整个账期的盈利能力，这就激励员工与掌柜把商号当作自己的店铺来尽心尽责地经营，极大地调动了员工的积极性。

顶身股的效用在于顺应了人追逐利益的本能，指引掌柜与伙计着眼于长远利益，甘愿为商号的发展而卖力。同时"人走身股无"的策略有效防止了有才之人随意跳槽的行为。一个账期调整一次身股的做法使所有掌柜与伙计都信心百倍，干劲十足，对晋商商号的发展具有不可忽视的推动力和凝聚力，为山西商号注入了巨大的活力。

三、财务会计制度

晋商在商业实践活动中，对财务管理和会计核算作了很多创新发展。在财务会计制度方面主要有龙口账、记账货币、人力资源核算、资本的管理、风险基金、银行的清算及转账制度等方面的创新。这些财务会计制度不仅为当时的企业经营管理提供了一定的帮助，而且在一定程度上促进了商品经济的发展。由晋商开创的"龙口账"，被认为是中国早期的复式记账的方式，是中国会计的开端，时至今日，它仍然是作为科学化会计计算的原理之一。

晋商在清代业已形成较为严密的会计核算制度，特别是票号，其会计核算制度包括报账制度、清账制度、费用开支制度以及结账分红制度几个方面。在长期的业务经营活动中，票号也形成了自己的会计方法，包括账簿设置、记账方法、结算方法等内容。

第四节　晋商家庭伦理文化的美学价值

自古以来，中国人口众多。古时候，人们喜欢群居的生活方式，一个大家族生活在一起，久而久之，便形成了家族风气。"风"取"上以风化下，下以风刺上"之意，即人们以高尚的德行影响教化他人，他人也以此严格自律。家训则是家风的语言载体和表现形式，将家风归凝成文字，就是家训[①]。人们一方面强调继承，向高贤大德学习，保持德行不坠；另一方面，努力做好自己，成为新一代的典范。可见，于中国人而言，家风家训成为治"小家"、为"大家"的经典传承与经验总结。

2015年12月28日，中央纪委国家监委网站的"中国传统中的家规"第26期推出《山西灵石王家大院：规圆矩方正品立身》一文，重点推荐灵石静升王家家训。一个家族在灵石县静升古镇绵延700余年，鼎盛的八代历时450年，其历时经久、人才繁茂的根本是什么？相关文章中提出，王家之所以历代繁荣，根源便在于代代坚守了王氏家族的家训。

灵石静升王家从始祖王实开始，便非常注重做人、做事的原则、规范。王家第16世王廷璋创建五堡之一的"和义堡"时立下家训，从外在的着装要求、走路姿态、说话方式，到内在的做事风格、为人心态、品行修养等方面都进行了全面要求。

家训作为家风的载体，承载着深厚的文化内涵，其价值取向深受儒家文化的浸润，以儒家道德为规范。"仁""义""礼""智""信"是儒家推崇的道德标准。生活中，这5种基本道德是一个人道德修养的评价标准，也是一家一族衡量家风好坏的重要标准。因此，家风的好坏不仅与一个家庭或家族成员思想道德水平有直接关系，而且也对整个社会道德水平的高低和主流价值观的传承有直接影响[②]。王家家训与儒家倡导的"五德"相结合，我们可以将其家风主要梳理成三个方面。

---

① 陈寿灿，于希勇. 浙江家风家训的历史传承与时代价值. 道德与文明[J]. 2015（4）：118-124.
② 周春辉. 论家风的文化传承及历史嬗变[J]. 中州学刊，2014（8）：144-146.

第三章　晋商文化的美学价值

一、诚信为人

"诚"，即指真实不欺。"信"，即守信用，是做人的伦理规范，在儒家倡导的精神领域占有重要地位并发挥着重要作用。诚信，即诚实而有信用。《周易》曰："君子进德修业。忠信，所以进德也；修辞立其诚，所以居业也。"诚，基于仁，信，源于义，儒家视仁义为其文化的核心内容，由此，诚信便也成为儒家一直重视的焦点。《论语》讲"人而无信不知其可"，不仅认为"民无信不立"，甚至将"信"提升到去兵、去食、宁死必信的政治高度[①]。由此看来，儒家倡导的诚信，不仅是道德行为基础，还是做事创业的根本。

深受儒家思想浸润的王氏家族对子女极其注重忠实、尚礼、诚信、仁义的教育，灵石静升王家的始祖王实兄弟四人将"诚实守信"当作做人、做事的原则，始终坚持诚信至上，努力争取质量第一，不弄虚作假，不断建立并维护自身的信誉，宁愿买卖赔钱，也不能玷污招牌。700年来，王家始终严格恪守祖训——忠、信、诚、实，代代相传，不断获得往来商家、周遭百姓的认可，将小买卖做成了大生意。

二、勤俭持家

王家人深知"不勤不得，不俭不丰"的道理，坚持勤俭，并以此立业、守业、兴业。其先祖，不畏贫寒、不忘贫寒，自强不息、勇于进取，克勤克俭积累财富，逐渐从小本经营发展到富甲一方的商贾大亨[②]。孔子曾针对当时许多贵族的奢靡之风提出要"节用而爱人，使民以时"，认为"礼"的本质为："礼，与其奢也，宁俭。"[③]王家在上千年儒家思想的影响和传承下，不知不觉承续了勤俭的伦理标准，并将其书于匾额、刻于楹联。

王家大院司马院楹联"勤治生俭养德四时足用；忠持己恕及物终身可行"，意思是勤劳谋取生计、经营家业，以俭朴培养德行，四季便可富足；立身修身秉持诚实的态度，对待世间万物保持宽容的态度，每个人毕生都应该践行这样

---

① 石德东. 社会主义市场经济中的诚信建设浅议[D]. 长春：吉林大学. 2008：35-46.
② 王渊. 儒家思想与晋商经营伦理[N]. 光明日报，2012-04-22.
③ 黄鲲鹏. 孔子礼乐理想初探——为《孔子家语》[J]. 读书文摘，2016（4）：2-3.

的高尚品德。

三、义行乡里

王家以商贾兴，视经商为自己的职业，但是，他们追求的并不是自身富裕。王氏家族怀有旧时读书人"修身、齐家、治国、平天下"的人格理想。在家资渐丰之时，不忘恩泽乡梓。据现存《敦本堂规条》残碑所记，族内鳏寡孤独幼稚残疾，凡不能自养者，在一定年龄范围内，每年冬季三月、春季二月期间，均有定额赈济。王家十三世王佐才曾办义学，为解教师薪水之需，特卖地20亩资助。十七世王如琨，嘉庆年间任顺天府督粮通判，见"东天门石路"工程艰巨，捐银1000两，为此，朝廷特为其立牌坊，上书"乐善好施"四个字。

王氏家族的时代早已远去，其家风家训作为一种历史现象，在新的历史时期，被赋予了新的时代内涵得以传承，呈现出平民化、世俗化的趋势，可谓"旧时王谢堂前燕，飞入寻常百姓家"。

1. 弘扬诚信文化，提升全民素质

王氏家族在为人和生意上所倡导的诚信思想古往今来一直都是我们应该推崇的。诚信是人与人交往的首要条件，同时也是一种基本的商业道德。当今社会，我国实行的是社会主义市场经济，市场经济参与交换的双方必须以诚实守信为交易前提。市场经济从本质上来说是一种契约经济，实质上就是诚信。市场经济越发达就越需要诚实守信。在现实的商业行为中，需要构建社会主义诚信体系，这是社会主义市场经济得以健康、有序、稳定发展的重要保证。王氏家族能发达绵延700余年，相传20余代，除了决策准确、举措得当之外，就是因为他践行着诚信这一重要为人、经商原则。新形势下，王氏家族的诚信伦理原则应当成为每个公民、团体自觉遵守的道德规范。

2. 厉行勤俭之风，共建节约型社会

王氏家族无论是在小本买卖的创业之初，还是在家资丰厚的守业之时，祖祖辈辈都提倡勤俭持家，并将勤俭作为家训刻于楹联、匾额。这对现今推进建设节

约型社会有重要的启示作用和借鉴意义。

我国是一个发展中国家，人口多、耕地少、人均资源有限的国情要求我们必须提倡勤俭的传统，既要开源又要节流，走可持续发展的道路。

3. 胸怀孝义之念，共筑和谐社会

王氏家族的孝义之举，深受孔子"仁爱"思想影响，"仁爱"思想要求人们要多为别人着想，同情人，敬重人，相信人，帮助人，真诚待人，施人以惠。王家人谨记这一条，无论是处于创业之初困顿时期，还是发家之后的安逸之时，他们都能做到"见善如己出，见恶如己病"，尽己所能，施以帮助。在现代生活中，人们由于利益冲突、贫富差距等原因而关系紧张，这时，不妨回顾王家的孝义之举，做到"躬自厚而薄责于人"，努力形成积极健康的人际关系[①]。另外，王家办义学，开义仓，特别是新编晋剧《王家大院》中王崇礼抵大院的行为，对我们处理个人利益和整体利益的关系是很好的借鉴。王家人能做到"达则兼济天下"，这对我们今天的社会矛盾的缓和，社会秩序的维护，构建和谐社会依然有积极意义。

第五节 晋商大院文化的美学价值

一、晋商大院概述

晋商大院是晋商500年商路中创造的巨大的物质财富，历经几代人的努力修建完成，主要集中在山西晋中一带，有祁县的乔家大院、渠家大院，太谷的曹家大院、灵石的王家大院和榆次的常家庄园。这些院落不仅规模宏大，而且建筑精美，作为历史遗产供世人观瞻，一砖一瓦诉说着晋商的辉煌历史，展示着晋商雄厚的经济实力，也承载着晋商别样的文化。有人把晋商大院称作"明清商业文化的思想库"，也有人称它为"中国北方民俗文化的博物馆"，为美学、

---

① 赵哲平. 晋商家训伦理思想及其当代价值研究[D]. 太原：山西财经大学硕士学位论文，2019：20-37.

建筑学、历史学、社会学、伦理学研究和艺术创作提供了极其丰富的资源,具有极高的艺术价值。

王家大院坐落于灵石县静升镇,由五巷六堡一条街构成,大大小小的院落有上千座,总面积达25万平方米,历来有"王家归来不看院"的说法。王家大院是晋商院落中规模最大的,有"民间故宫""山西的紫禁城""华夏民居第一宅"之称,足见其繁华精美。大院的院址,屋后有山可做靠山,屋前有水四季长流,且三面青山环绕,堪称风水宝地。几代人经历了明清两朝,耗时300余年建成。得天独厚的王家大院,整体呈王字形设计,其间又隐含龙的造型,前厅后屋,错落有致,反映了中国封建社会大家族"以礼为本"的建筑环境秩序,堪称中国北方民居的典范。

祁县的乔家大院是晋商院落中最广为人知的。乔家大院又名在中堂,位于祁县乔家堡村。整个院落呈双喜字造型,且三面临街,特别适合开门做生意,院落相连,成为封闭的建筑群。乔家大院占地8700平方米,大小院落20余座,最值得称道的是乔家大院现在陈列的珍贵文物,数量达5000余件,堪称丰富的艺术宝库,因此享有"北方民居建筑的一颗明珠""中国黄河50景""祁县民俗博物馆"的美誉,是山西晋中四合院组群的典型代表。

二、晋商大院文化的内涵

由晋商扭转的"学而优则商"思想,影响着一代代山西商人,只有"学而优"之人才会选择经营商业,获利者才会兴建宅院,所以这些宅院的主人定是那些"学而优"之人,本身有着渊博的学识,在兴建宅院时,便将中国博大精深的文化渗透在建筑中,形成不同的风格。这些院落自然而然地流露出当时的文化特色以及主人的修养情操。

宅院作为人们休养生息之所,居住的实用性是首要的,同时兼具了审美性在里面。从门楼的设计到房舍的布局,从门墩檐枋的造型到照壁窗户的图案,无不是既实用又美观,体现了主人儒雅的文化品位、吉祥康乐的生活愿景和家国天下的理想信念。晋商后人生活在这样的环境中,耳濡目染,形成自己独特的品格气质。

晋商大院作为"凝固的历史",大院文化作为无声的文化,见证了晋商五百年兴衰,谱写了晋商家国文化。

三、晋商大院文化的美学价值

(一) 遵规守矩的选址筑宅艺术

山西地处中原,土地肥沃,物产丰富,百姓宜居乐业。优越的地理环境使山西人以安分守礼立于世。表现在言行举止循规蹈矩,价值观念符合社会传统礼法,自觉维护社会制度。循规蹈矩的日常生活浸润着在中国积淀多年的传统元素,朴素的生活方式诠释着他们对传统文化的理解,严谨的建筑体制表达着他们所崇尚的传统观念。作为晋商大院的建造者,他们从宅地的选择到门窗的雕刻,从一草一木的种植到一砖一石的摆放,都经过了仔细考量、深入思考,其中融汇了儒、道、佛教的文化思想,并将这些思想的精髓融会贯通,将它们科学地融入中国传统建筑文化,最后凝聚成一座座兼容了南北建筑艺术、具有自然园林和民居建筑特色、充满了历史厚度与人文内涵的庄园和屋舍。

灵石县静升镇王家大院红门堡建筑群,沟通整个建筑群的是街道和甬道,相互之间横平竖直、条条相通,俯瞰形成了一个"王"字。这一设计巧妙地将自己的姓氏规划在院子中,实现了天时、地利、人和,王者的霸气自然生成。汉代董仲舒在《春秋繁露·王道通三》中这样解释:"古之造文者,三画而连其中,谓之王。三画者,天地与人也。而连其中者,通其道也。取天地与人之中以为贯而参通之,非王者孰能当是。"通过这一设计,王氏祖先精心将自家姓氏与他们所信仰的儒家思想相互糅合,不但使整个建筑群透露出非凡的气度,也寄托着王家前辈先人祈盼家族兴旺、子孙后代常盛不衰的美好愿望。

祁县的乔家大院则顺应当地民风民俗,巧妙地在"囍"字上下功夫,将整个大院由组成部分的一条甬道和六个院落的结构,着意布局形成一个"囍"字,象征着双喜临门、吉利、祥瑞,既表达主人对美好幸福生活的向往,又与建筑美学相符,紧凑、对称,完整端正,尤其是中间的甬道起着中轴线的作用,贯穿每个院落,与古老的"天圆地方"观念相吻合,从高空往下看显得非常雄伟壮观。

长寿是每个传统中国人的美好祈盼。太谷曹家大院的三多堂采用"寿"字作为建筑整体布局的框架,表达了传统中国家庭期盼家族多寿、多子、多福的朴素生活理想,体现了传统民俗文化观念,反映出当时物质资料短缺、生存环境较差时期人们希望家族血脉生生不息、绵延不绝的生命追求。在中国旧式家庭中,一般比较讲究伦理道德,严守长幼有序、上下有分、内外有别的伦理制度,因此建房造屋时也考虑到这些规矩,借以方便生活,规范行为。

常家庄园的主体由方正的四合院组成,轴线中正,左右对称,前堂后寝,等级森严。家里辈分最高的长辈居住的是整个宅院中面积最大的正房,坐北朝南,位置最好;晚辈居住的是左右厢房,面积小,进深也浅;仆人居住在每堂的前院,杂物堆放在其他房间;厨房、饭厅和储藏室则设在偏院。

曹家大院的绣楼建在西主楼和中主楼之间,主墙在修建时向后缩回几尺,房间低矮,窗户较小。由于整体靠后因此视线并不开阔,可以想象居住于楼上的小姐的视线很难看到远处,这样的建筑束缚了家中女子的思想、行动,使她们只能处于附庸、服从的地位,将中国古代所倡导的男女有别、男尊女卑等封建礼教思想体现得淋漓尽致。据记载,这些封建大家族的女孩子一般十二三岁就被送上绣楼,学做女红,不再与外界交往,直到出嫁才能穿上嫁衣,蒙上盖头,走出绣楼,在喜气洋洋的鼓乐声中被送往陌生的婆家,与一个素未谋面的男人开始人生的另一种生活。由此可见,绣楼的建筑风格对于这些家庭的家风和家教思想有着深刻的体现。

(二) 蕴含礼制的建筑艺术

晋商大院的建筑结构和建筑形式与主人的道德伦理取向相关联,也反映着当时社会所追求的艺术韵律和社会秩序。中国传统的审美特征在大院建筑中得以呈现,社会所认可的人伦道德秩序在建筑布局中得以呈现,以数理和谐为形式规律,融时间、空间、道德伦理于一体,将严密的礼制仪规演绎为建筑中严谨的空间序列。

中国古代封建社会一般有以富为美的社会倾向,在宗法社会也是如此。四合

第三章 晋商文化的美学价值

院的建筑形式就是融富贵豪华与气派威严于一体的建筑平面形式，其最大的特征就是以中轴线为轴的对称的平面和封闭的外观。2000多年来，建造和使用四合院这种住宅的人都需要有相当的经济基础。商业获利颇丰的晋商具备了这一条件，在其宅院建造过程中将传统四合院建筑的精髓发挥到了极致。

晋商大院建筑艺术的突出特点之一，是在沿用严整、均衡、稳定的中轴对称布局和以四合院为基本单元的框架组织下，通过单体建筑艺术造型的变化、院落尺度和横竖比例的变化、空间系列的变化，形成主与从之间既有差别又相协调的关系，形成空间大与小、虚与实和线条直与曲、横与纵的对比，形成连续的或渐变的、起伏的或交错的韵律美与节奏感，使整个建筑群既避免了单调乏味，又避免了古板沉闷。这些建筑群通过临街的大门造型和照壁绘画以及房屋屋顶的坡度、曲线、样式和图案设计，还有各个房屋相互之间的高低错落多变，改变了单坡式建筑的高大壁立的外墙在审美方面的呆板感受，形成了一种威严、高贵、神秘的氛围。

整个建筑群，无论是在平川，还是山村，无论是在城市里，还是在村镇中，都能凸显出自身气宇不凡的气派，又能完美和谐地融入当地的整体形象之中，有利于提高当地城市或村镇的品位。这些结构、布局、造型艺术，应该是当年负责设计修建的高级工匠们多年来修建寺庙、园林、豪宅和多进四合院所总结的建筑经验，当然也融入了豪宅主人们多年来走南闯北的丰富阅历，是中国传统家族建筑中高超艺术的集大成。这些聪明才智也只有在像修建榆次常家、灵石王家、太谷曹家、祁县乔家和渠家这样大规模的建筑群时得以集中体现，才能有尽情发挥的用武之地。

晋商大院作为晋商物质形态的载体和文化现象的表现，鲜明地体现着儒家伦理思想的影响。晋商大院理所当然地成为当时家族用以维护社会秩序的有效工具和封建伦理制度的载体。晋商大院大多为封闭型院落，结构以厅堂为中心，正房、偏房区别分明，上下规矩严整，这种布局反映了当时尊卑贵贱分明的等级关系，从而达到古代舆服制度中"见其服而知其贵贱，望其章而知其势"（贾谊《新书·服疑》）的相同功效，即在一个家庭中，以家长为核心，进行伦理、亲疏关系的排序，构成了在一个平面内展开的家庭人际关系网络。在晋商大院建筑群内部，各个建筑因其服务对象的不同，按照人际关系网络进行功能区分，相应建筑的大小、方位和装饰因服务对象的地位决定,使得晋商大院建筑群体具有了维护政治秩序和伦理规范的具体功能。

王家大院的建筑形式就生动体现了儒家伦理观念的深刻影响,它严格遵循明清以来盛行的宗法礼制进行建造,层级明显。王家大院的整体建筑由堡门、堡墙、前院、中院、后院构成四道封闭圈,基本沿袭了西周以来在我国民居建筑中形成的"前堂后室多重庭院"的建制。不论是红门堡还是高家崖里面的街道(马道)、小巷或夹道均为石砌的笔直路面,横向为正东西,纵向为正南北。大院内院落大小不等,一律为方正端庄的三进四合院式,每个四合院均采取南北中轴线、左右对称、主次分明等一整套汉族传统的建筑布局章法,形成了前低后高,具有足够景深参差错落的中轴对称轮廓线,使建筑有主有次,有藏有露,既能满足主人对外交往的要求,又能满足家居生活一定隐匿性、私密性的要求,在丰富了空间层次的同时又提供了安全保障。但从根本上讲,则是充分体现了封建社会森严的等级制度。

长期以来,以家族观念为纽带的宗法礼制是中国封建社会强大的精神支柱之一,清朝提倡四代同堂、五代同堂,完全继承了明朝盛行的大家庭礼制。孝祖敬宗、长幼有序、男女有别、尊卑有等、内外有差……这些伦理道德规范,不但是"修身""齐家"必须贯彻的,同时也成为家宅建设所遵循的准则,即使在家庭内部,主人、子女、管家、用人、客人也得各行其道,不能随便逾越。

以乔家大院为例。乔家大院是清代著名商业金融资本家乔致庸的故居,在国内外名气颇大。这是一座结构精巧而规模宏大的建筑群,它集中体现了我国清代北方民居建筑的独特风格,被誉为"清代北方民居建筑的一颗明珠"。乔家大院平面布局呈一"囍"字,共有6个大院、20个小院,相互穿插、交错,共313间房屋。内院正房及厢房都是五开间,而外院为三开间,中间以过厅相连接。两院的主要建筑都为两层楼房,中轴对称。每院又都设有偏院,为佣人食宿的地方。正、偏院经一小门出入,门插设在正院,利于主人对佣人的管理,偏院的地面和屋顶低于正院,以表示尊卑有序。

晋商的豪宅大院属于民居,但又是体现巨大财富与官商结合的特殊的民居,其规模、形制和水平与遍布中国的绝大多数民居不可同日而语。构成它庞大建筑群的基本单元是中国北方民居中的四合院，构成四合院的主要单体建筑是抬梁式结构的砖瓦屋和拱券窑或靠崖窑（如王家大院）。这些基本要素与普通民居无异。但是，整个建筑群的总体布局、交通排水，高大的正屋厅堂以及点缀于其上的脊兽、屋檐、斗拱、挂落，穿插于建筑群中的亭台楼阁、影壁回廊、大门门楼、垂花门、木石栏杆，还有祠堂、戏台、牌坊、花园等，都是普通民居中绝无仅有的，即使一般中下级官员和普通富户的住宅中也是罕有的。除了没有公、侯、亲王才被允许建造的七开间厅堂之外，人们想象不出晋商豪宅与"深似海"的侯门、王府有多大区别。当时建筑等级最高的是宫室和庙宇，一般老百姓称羡晋商豪宅时往往说："盖得像大庙一般。"至今旅游者到常家、曹家、乔家、渠家、王家等大院，还有这种感觉。

（三）宛自天开的三雕艺术

晋商大院闻名海内外，吸引众多游客前来观瞻，深深打动游客的不仅仅是其气势恢宏的建筑规模，还有设计精巧、内涵丰富的雕刻艺术。走进晋商大院，随处可见造型各异、图案不一的砖雕、石雕和木雕，利用动植物谐音作为人们心中的吉祥物，充分展示了那个历史时期人们普遍的心理诉求和审美水平，传承着悠久的古老文明。

伴随着中国木结构建筑的发展，木雕艺术产生了。到了明清时期，达到全盛，几乎所有的木结构建筑中都会有木雕艺术。晋商大院的木雕艺术主要见于廊檐、翼拱、挂落、枋心、雀替、抱头梁、穿插枋等地方。在制作工艺上，有浮雕、圆雕、阴刻、阳刻和镂空，雕刻技法与木雕所处的位置相匹配，整体布局和谐统一。有时，木雕会与彩绘相结合，丰富了木雕的色彩，让人看来更加立体、美观。

乔家大院的木雕题材众多，大都是民间喜闻乐见的吉祥图案，既有官式建筑装饰中常见的龙、狮、麒麟、凤凰等动物形象以及"万"字、"寿"字等纹样，也有各种民间用品，自由多样，生动活泼。除了动植物的单体造型，更引人入胜的是这些形象的组合，如两个孩子拿着聚宝盆，喻示"招财进宝"；花瓶、牡丹和白鹤，组合成"富贵平安"；五只蝙蝠围着一个寿寓意为"五福捧寿"；葡萄穿在一起，喻为"一本万利"或"多子多福"。这些组合利用其谐音、

文艺美学视域下的晋商文化

寓意、象征、比拟，表达了主人的审美情趣和人生追求。还有一些把人物、动物加上背景，组成带有某种情节的整幅木雕，多引用典故、神话传说、民间故事，既体现了商人之发家致富、光宗耀祖的主流思想，也反映了儒道互补的价值追求及实用主义的民间泛神崇拜，从而使建筑有了广泛的思想内涵。如乔家大院东北院二门花板中间的"福禄寿三星图"。

晋商大院石雕的精彩之处，就在于那些一斧一凿的"硬件艺术品"，刚中见柔，别具一番风韵。晋商大院的砖雕石刻中也处处散落着传统文化思想的痕迹。晋商大院最常见的壁雕有"鹿鹤吉祥图"，"鹿"与"禄"谐音，鹤既有长生不老、青春永驻的意思，又是清代一品文官补服上绣的飞禽，以此暗示对高官厚禄、荣华富贵的追求。乔家大院在门墩石上雕刻着一匹马，马上还刻着一只猴子，预示着"马上封侯"的好兆头。渠家大院门墩上刻着的佛手香炉的浮雕，取自方言中"佛"与"福"谐音，"手"与"寿"谐音的好彩头，希望家人幸福、长寿。

王家大院有一组抱鼓石，上面的图案用松鹤延年与竹枝亮节相对应，下面则选取箧中寿桃、篮中苹果，是平安长寿的谐音。在中国古代，用"篚箧不饰"比喻为官不正，"不饰"指的是"不整饬"，也是后来人们弹劾官员贪赃枉法时常用的一句话。这组抱鼓石雕刻在大院门口，是在告诫后代子孙：当官必须清正廉洁，才能永葆富贵荣华。王家大院中被誉为"大院一宝"的众多石狮子，造型生动多样，有大有小，有俯有仰，有独处者，有群居者，有的憨态可掬，有的灵动活泼，充分显示了古代人民的高超智慧与创作能力。雕刻精美的石雕柱础形态多种多样，有瓜形、灯笼形、圆鼓形、六角形、宝瓶形……题材内容大多渗透着礼教、宗教色彩，带有鲜明的寓教于娱和崇尚艺术与人文的目的，多雕刻着佛家八宝（法轮、法螺、白盖、莲花、盘长、宝瓶、宝伞、宝鱼）、道家八宝（鱼鼓、玉笛、宝剑、葫芦、花篮、紫板、芭蕉扇、荷花）、民间八宝（宝珠、古钱、玉磬、犀角、珊瑚、灵芝、银锭、方胜）和丰富的历史故事，画面形象生动，主次搭配，变化多端。

王家大院红门堡内有一幅高浮雕照壁"四逸图"，画面上有山、水、桥、柳、石、亭、松、鹿，人物活动其间，表现了渔樵耕读的平常生活。一个"逸"字，便有了意味和意境。王家祖辈用勤俭忠恕教诲子孙，谨记中国传统古训："古往今来，百代世家无非积德；天上人间，第一商品还是读书"，并在书院大门两侧刻上"勤治生俭养德四时足用，忠持己恕及物终身可行"警醒众人。"鲤鱼跳龙门"的石雕，是激励子孙成才入仕，步步高升。在私塾小院堂前修建三级台阶，预示着"步入仕途，连升三级"。随处可见的"石猴守门"，则期盼家族后人辈辈封侯晋爵。

王家德馨轩进门处的石雕照壁"四逸图"（见图3-1），四周为山水屋舍，中间有谈笑风生的砍柴樵夫、专心致志的读书少年、精心等待的打鱼老者和一丝不苟的耕地老丈，人物刻画惟妙惟肖，营造出安逸的生活场景。可见，在古人的观念中，渔、樵、耕、读是人生最快乐安逸的四件事。

图3-1 王家德馨轩进门处的石雕照壁

作为一种古老的建筑装饰艺术，砖雕主要用于民居。砖雕既具有石雕般坚固刚毅的材质感，又能像木雕般精琢细磨，具有柔性较强的平面视觉艺术和触觉感强烈的立体造型艺术的特质，可谓刚柔相济，粗犷与雅致并存，质朴而清秀。晋商大院的砖雕堪称一绝，举目皆是，主要分布在屋脊、扶栏墙、山墙、影壁、翼墙等部位。它们就像舞台服装上的镶边，图案不同，寓意不同，却在比较衬托中使整体建筑增加了一定的美感。

王家大院高家崖敦厚宅门前的大型砖雕照壁（见图3-2），中心是狮子滚绣球，大小三头狮子，嬉戏相乐，栩栩如生，俗语"狮子滚绣球，好事不断头"

是其寓意。顶部雕道家人物，背面为四季花卉，配以公鸡、鸳鸯、鹌鹑、喜鹊，寓意"功名富贵""鸳鸯贵子""安居乐业""喜上眉梢"，人们祥和幸福的美好追求尽在其中。

图 3-2　王家大院高家崖敦厚宅门前砖雕照壁

王家大院凝瑞居大门两侧各镶嵌着一幅名为《鹿鹤同春》的大型砖雕（见图 3-3），构图精巧，高浮雕手法的画面上，鹿跃松林、鹤唳寿石，鹿回头、鹤昂首，一呼一应，和谐对称。

鹿鹤与"六合"谐音，意为天地上下，春光沐浴。建筑之"冠"的屋顶装饰，王家也精心地用砖雕将所有脊兽都砌成"张口兽"，与其他民宅的"闭口兽"有着明显的区别，标明"开口见人心"，象征主人用一张张笑脸迎来送往、诚信为本的经商之道，显示出了官商之家的豪爽、魄力。

王家大院的装饰艺术品还借用了象征、隐喻、谐音等手法，并借景而变化，借民俗而生新意，既有生动的形象塑造，又有深刻的哲理内涵，所写文字、所刻动物、所画花卉都有吉祥、美好的期望。用瓶中放满月季花比喻四季平安，用喜鹊站在梅枝头比喻喜上眉梢，用猴子骑马比喻"马上封侯"，用小男孩骑在麒麟背上比喻天降贵子，用莲花、笙、桂花比喻"连生贵子"，用一瓶青莲比喻一品清廉，用猴上背猴比喻辈辈封侯，用蝙蝠比喻幸福，用鹌鹑比喻平安。

福、禄、寿、喜不仅随处可见，而且变化多样。福有多种字体，也有用动物蝙蝠来代替的图画；寿有多种字体的百寿图，也有用多种花纹演绎而成的寿字；喜字常用双喜，既美观大气、稳重端庄，又喜庆祥和，符合人们心中的美好心愿。

图 3-3　王家大院凝瑞居《鹿鹤同春》

乔家的砖也雕随处可见，且题材丰富，有壁雕、脊雕、屏雕、扶栏雕等，砖雕的精华集中在女墙上。女墙，也叫女儿墙，因为其主要作用是装饰或拦护，所以，其高不过到人的前胸位置，多见于城墙的内檐墙上或楼台之上。

乔家大院女墙上的砖雕多用高浮雕，选材广泛，构图漂亮，如东北院右边女墙扶栏上的五组，中间是葡萄，寓意多子多福，鲜活饱满，令人不禁想要伸手去摘；两边是花卉、果品点缀的博古图。西北院明楼走廊的扶栏上，中间是葡萄；右边是牡丹，寓意富贵；左面是莲花，寓意连生贵子。

（四）人文艺术浓厚的楹联匾额

晋商注重对子孙后代的教育，并且提倡耳濡目染的教育效果，所以，虽为商人，家中却充满了深厚的文化气息。以晋商王家为例，拥有那么多的房屋，所有门户上方必悬有匾额，楹联、匾额上的箴言教育、熏陶着王家后人懂礼仪守制度，

文艺美学视域下的晋商文化

指引着他们走上正确的康庄大道。

诗、书、画这样的文化小品历来都是古建筑的装点之物,晋商大院将这些文化小品发挥到极致,个个词简意丰,通过木刻、砖刻、石刻呈现于匾额、楹联、壁饰、隔扇之上,装点了环境,不仅养眼,更养心。

王家大院的楹联、匾额俯拾皆是。匾额大多为木质质地,少数是砖石刻成,字数寥寥,意境悠远。视履堡的石刻"视履"二字,履,金文以脚和船的符号来表示,根据许慎《说文解字》的解释,是鞋子的意思。据后人解释,"视履"的意思是考察其行为得失,一生大吉。视履匾额的使用恰到好处,王家祖先以院堂为卜案,子孙来往步履为征象,时刻警醒每个人迈出的每一步务须慎重。

匾额"宁远",宁静致远。古人云:"非淡泊无以明志,非宁静无以致远。"王家院落在营造宁静的氛围上很见功力,然而世代同堂里来自人众的喧闹足以打破建筑格局的平衡,带来浮躁的局限。这个匾额强调的是作为人体内心的修为,使人产生对自我的体察,从而达到一种超越家园羁绊的理想境界。

匾额"整暇",好整以暇,整,严整,谨严;暇,闲适,从容。此匾与王家大院的整体风格十分相容。王家每个院落格局设计非常严谨,中规中矩,是一种点线的齐整;那些高大建筑隔出的每个空间,又传达出一种从容。这彼此的关照无疑为王家子孙提供了两种品德潜移默化的可能。

匾额"敦善行",敦,诚恳;善行,善的行为。家族的教育重要的两个步骤全体现在"善"这个字上,一方面要引导子孙追求美好的一切,一方面还要消除环境因素对子孙善良本性的影响。王家认为,保持、实施善行是崇高的,只有"敦善行",才能图永固,才能内无人患外无民变,才能称得上真正符合天意。

楹联也是王家的一大特色,这些工整精妙的文字被凿刻于木石之上,在广远的青灰色背景中不时被我们吟诵:"大道母群物,广厦构众才。"这是王家大院一副有名的对联。万物衍生于正道,众才具纳于广厦,颇具气势。上联可以说是对老子"道生一,一生二,二生三,三生万物"的句子的化用,下联在一种理想的况喻中寄寓了很大的希望。这副对联是催人有为、催人进取的,包含了"天生我材必有用"的深意,鼓舞着王家子孙奋发图强。

第三章 晋商文化的美学价值

在观念上，晋商是主张"儒贾相通""义利相融"的儒商，为人处世以"中庸之道"为核心，对人对事都能做到不多不少、不偏不倚、不即不离、不紧不慢，恰到好处，方方面面都要和谐、平衡、圆润、完美，呈现出安乐祥和、慈善友爱的状态。

如乔家大院大门口的匾额："福种琅嬛"以及大门的楹联"损人欲以复天理，蓄道德而能文章"，就是乔致庸致力于中庸理念的标识，他直接用"在中堂"作为其堂号及宅院的名称，使人名与堂名巧妙地嵌入"中""庸"二字，显示了诚信、笃守的处世与为人之道。在其宅院百寿照壁的两旁，刻着晚清重臣左宗棠题赠的一副篆雕楹联：损人欲以复天理，蓄道德而能文章，并用"履和"二字作为楹额，"和"是中庸之道的核心，"履"是实践、实行的意思，宅主人借此标榜自己信奉的"和为贵"的中庸之道。

榆次常家常万达的院落取名为世和堂，为子孙修建的院子，也分别取名为"谦和堂""体和堂""雍和堂"等，都是中庸之道影响的结果。

祁县渠家的渠本翘，把修德、敬业作为人生之本，渠家大院的每扇门额上，刻写的都是"乐天伦""德星朗耀""慎俭德""慎言语"等修身养性的警言佳句。

常家的石芸轩书院，据说为中国最大的家族书院，书院大门之联为"著书已括金楼子，汲古常携玉带生"。《金楼子》系梁元帝萧绎所撰之书，"玉带生"为南宋文天祥所藏名砚，这里用来指多读书和勤于撰录。"学""海"两个一人高的大字分镌于两边门墙上。

王家大院更是处处渗透着儒家文化，时时张扬体现着王家主人的人品道德。王家大院王家祠堂也叫孝义祠，用"志节独垂千古后，操持只在五伦中"规范族人的行为。

晋商大院用不同的匾额装饰着每个院落入口处的门楣和厅堂，内容基本都出自《易经》《尚书》《诗经》以及史书、子书，可以说无一字无来历，无一事无出处。

榆次常家长辈在商业界取得辉煌成就的时候，时时担心丰裕的生活可能给后代带来奢侈淫逸的坏习惯，庄园中的楹联匾额大多是修身立德、尊师尚俭的内容，如"绍祖宗一脉克勤克俭，教儿孙两事唯品唯德""浩博旁通，读书上不许俭；雍容儒雅，衣食边只要勤"。并且一直重视教育，家中藏书之多可以用汗牛充栋来形容，"三坟五典却是日常家用，四书六经原本济世文章"，光绪年间常赞春捐赠给省、县、乡的书籍就有一万多册。常家尊儒重教，常家书院是中国民居中最大的书院，并且栽种十亩杏林，在杏林中请回孔子像，设杏坛，教导后人。

四、晋商大院文化的审美意蕴

中国的古建筑是古典文化的重要载体，古建筑"危楼跨水、高阁依云"、虚实结合、动静相宜的建构方式，集美学、哲学、文学、艺术、建筑学于一体，成为一幅立体图景，以静态的方式展示着精美的历史画卷，以动态的方式诉说着丰富的文化沉淀，令人折服，引人共鸣，其中的审美意蕴值得世人反复咀嚼。晋商大院作为历史文化遗产，寄托着晋商的审美精神，具有丰富的审美意蕴。

（一）晋商大院的外在审美

1. 建筑之美

晋商大院从总体上看都是呈对称的，完美突出了建筑主体，这与中国古代建筑追求的对称美相吻合。王家大院整体呈王字形布局，乔家大院呈囍字形布局，曹家大院呈寿字形布局。在大院内部的各个院落，左右两侧的厢房、门窗、雕刻也都呈对称样式。如此庞大的建筑群，却是由一个个单一的空间组成的，如正厅、过厅、花厅。不同的单一空间发挥着不同的作用，在等级制度森严的年代，这样的单一空间给人以祥和之感。

多个单一空间组成四合院。四合院四四方方，呈井字形，一般为二进院落，其中祁县渠家最突出，是五进的四合院。四合院通过仪门、廊、影壁等相连构成更大的空间结构。行走其中，可以说是几步一景，层层递进，让人流连忘返，具有很好的审美效果。

2. 文学之美

黑格尔曾经说"美的最高境界是诗歌"，诗歌是用有限的语言借助想象和联想表达无限的思想。晋商大院作为建筑存在，就如同诗歌的语言，我们身处大院中

第三章 晋商文化的美学价值

彼此交错穿插的空间,不仅感受到建筑之美,更会由这些建筑联想到晋商创业的艰难,以及在创业过程中形成的晋商精神。

3. 绘画之美

晋商大院虽不刻意追求华丽,但其中的装饰造型美轮美奂,是铺展开来的历史画卷。大院以石头、砖、木为主要建筑材料,在这些材料上晋商做了寓意丰富、形态各异的雕刻。

王家大院的德馨轩,门梁挂落上是精美的木雕鹿鹤同春,门口是栩栩如生的是石狮门墩(见图3-4),门扇上是铁片材质花瓣造型的门环。走进大门,映入眼帘的是石刻的硬山影壁。从德馨居可直通缥缃居前院,其门口石狮造型与德馨居略有不同(见图3-5)。宅院入门处这些不同材质、不同图案的门墩的唯美造型深深地吸引着人们,让人流连忘返。

图3-4 德馨轩的石狮子门墩　　　　图3-5 缥缃居的狮子门墩

除了像德馨轩那样的狮子石墩,还有天圆地方抱鼓石墩,抱鼓石门墩(见图3-6)上方为圆形的石鼓,鼓上有趴狮,趴狮口咬丝线,喻好丝(事)不断;中间是荷叶盖着南瓜,寓意"本固枝荣"和"子孙满堂";下方底座刻有寿字。

文艺美学视域下的晋商文化

谦吉居的方形门墩（见图 3-7）由上下两个正方体石墩组成，上面刻有莲花和鱼，寓意连年有余。

图 3-6　德馨轩的抱鼓石门墩　　　　图 3-7　谦吉居的方形门墩

西三甲街的方形门墩，造型别致，门墩上面四个角上有四只貔貅，中间是一条盘着的蛇（见图 3-8）。

图 3-8　西三甲街的方形门墩

第三章 晋商文化的美学价值

这些精美的雕刻画面不仅展示了当时精湛的雕刻技术，更给人以美的感受。行走其间，就是一场视觉盛宴。

（二）晋商大院的内在审美意蕴

晋商大院是内在美与外在美的统一，精美的建筑内部蕴含着中国传统儒家思想的精髓。

1. 天人合一

在中国传统的文化观念中，"和"一直是人们向往的理想和审美追求。晋商对中国传统文化中的哲学思想十分重视，他们建造的晋商大院可谓匠心独运，将"和谐"思想融入建筑当中，处处表现出以和为美的审美取向。

《尚书》云："王来绍上帝，自服于土中。"谓"天常乱于上，地理易于下，人道悖于中，国不为中国矣"。这就不难理解为什么我国历朝历代，国都通常被视为"土中"。

其实，不仅仅是国都，民间建筑也都追求布局上的中轴对称效果。晋商大院规模庞大，但不管多大的院落，都由中轴线贯穿南北，东西形成对称，集中体现了中国人的"尚中"情结。

以王家大院为例，呈"王"字对称，大院大大小小的院落虽然大小不一，却都是四进的四合院，每个院落以南北中轴线形成对称，突出了主次之分，并且前高后低，可谓同中有异、和而不同。

乔家大院的"囍"字布局，也是中轴对称结构。

晋商大院合中的建筑布局，符合自古以来长幼有序这样的天道规则，和平共处、和谐共生，集中体现了天人合一的思想观念，这一思想在今天，依然是需要我们提倡并践行的。

2. 仁周义溥

晋商注重对后世子孙实施仁义教化，并将这些融汇在大院门窗、梁架、藻井、柱式、栏杆、垂花、雀替、挂落等建筑装饰中，让人观其唯美的造型就不禁想要知道里面的故事,在主动探求中完成对个人道德的淬炼,形成正确的世界观、人生观和价值观。

中国人讲"穷则独善其身",善是自我修养,是通往仁的途径,由善念生仁心,由仁心而做义事,所以常常仁义并称,善行、笃行。这样的教化散落于晋商大院的装饰建筑中。

清光绪三年(1899年),北方地区发生了严重的旱灾,灾情一直持续到第二年春天。千里之地,寸草不生,饥民遍野。乔家节省了自己家所有人的开销,在村子里搭起了粥棚为外来饥民舍粥,乔致庸还亲自安排、监督赈灾情况,大大降低了祁县一带的死亡人数。感念乔家的善行,李鸿章亲自书写并赠送乔家"仁周义溥"的匾额。这样的仁义成为乔家做人做事的道德标准,并在建筑中得以体现。

王家大院大小牌坊有16座,其中之一是"孝义"牌坊,是当时朝廷表彰王梦鹏的善举建立孝义祠堂后所立的牌坊,告诉人们要多行善事,只有"敦善行",才能图永固。王汝聪的乐善堂中,大厅上高悬"乐善堂"匾额,也是褒扬主人乐善好施的品德。

常家大院常万达兄弟二人居所分别有"世和堂""世德堂"匾额,乔家大院有"德兴堂""宁守堂"匾额,曹家大院有"承德堂""承善堂"匾额。晋商认为心存善念、坚守仁心、广行义事是非常崇高的,是他们的价值追求,而家中堂上挂着的这些匾额让家人在俯仰之间随时都能看到,不仅仅具有很高的审美价值,还具有深刻的教育教化意义,时时刻刻提醒晋商族人要注重修身,完善自己的人格,不要因为平凡而放弃,不要因为富足而骄奢淫逸,以修身而齐家、治国、平天下。

3. 以礼为本

在中国古代社会,礼,是社会制度的体现,也是社会道德的体现,还是治理国家的指导思想。

中国乃礼仪之邦,《论语》曰:"不学礼,无以立。"《礼记·曲礼上》曰:"夫礼者,所以定亲疏、决嫌疑、别同异、明是非也。"《礼器》曰:"忠信,礼之本也;

义理,礼之文也。无本不立,无文不行。"《左传·昭公二十五年》曰:"夫礼,天之经也,地之义也,民之行也。"千百年来,礼以道德规范的姿态规约着人们的一切行为,礼是为人处世之本,更是社会整体运行的秩序之本,支撑着整个封建社会的政治、经济、文化生活。

在封建社会礼制思想影响下,中国不仅产生了专门的礼制建筑如祭坛、祠堂等,其他建筑如民居也都要遵循封建等级和礼制思想的制约。家族聚居是中国人普遍的生活方式,反映在具体的建筑空间上有两个特点:内向性和秩序性。

内向性表现为,家族独立且完整,在空间上外实内虚,向心凝聚,不受外界干扰,亦不干扰外界。不论家庭规模,均有院墙和大门,关上大门,一院之内则仰观天文,俯接地气;敞开大门则投身世俗伟业。这种居住性格实际上是中国儒道两家入世与出世思想融合的一种表征。秩序性是礼制的具体反映,家庭伦理即长幼尊卑之序,体现在建筑上则讲究主从分明,正房居中,坐北向南,由长辈居住。厢房分列正房左右,由妻妾子女居住。较大宅院由数进院落连接而成。其中,门是沟通外界、衔接空间的符号,因此内向性和秩序性的建立,都与门密不可分。不独此,门是主人身份和地位的象征,其规模和形制自然也是被限制的内容之一,孔子就曾由"邦君树塞门,管氏亦树塞门"而断定管仲不知礼,有僭越之嫌。

晋商虽财大,但并不张扬,其民居建设仍遵循中国传统的礼俗与道德。晋商大院在修建过程中,非常注重宅门装饰物中礼的渗透,现已得到社会的普遍认可和推崇,具有社会化特征。例如,一只瓶里插三支戟,代表"平升三级"的装饰形式在各个地区都是一致的,他们以此来表达对家族成员仕途顺利的鼓励和期望。门又是宅之脸面,装饰必不可少,且装饰的内容和形式仍要体现礼乐文化。

晋商大院宅门装饰的礼制思想还体现在其规模、色彩与装饰上。宅门通常居倒座左端,面阔一间,门前设踏步,但通常只为一级踏步,而没有超越级的范例。门的颜色多为原木色和黑色,是封建社会规定的平民宅门的颜色。门钹数目多为两枚,少数家有为官者则四枚。椒图和兽面铺首亦不多见,多为花形、瓶形和几何形。门屋上螭吻多为"闭嘴"式，俗话说"张嘴的官家，闭嘴的商家"，商人再富有也不能忘记自己的身份，戒骄戒躁，以免惹来杀身之祸。另外，门匾和楹联对于封建礼教的宣传也起了很重要的作用。晋商大院的门匾和楹联均引经据典，如"毋不敬""慎俭德""在中堂""书中有书尽信书不如无书，礼外无理唯守礼是为有礼"等，都是儒家思想的精髓，对家族后代有良好的启迪教化作用。

晋商大院的宅门装饰内容和形式并非偶然，它所蕴含的丰富寓意旨在建立明确、和谐的家族秩序，它不仅给人以美的享受，更能寓教于乐。换句话说，晋商几百年的商业繁荣和家族兴旺与"以礼为本"的装饰文明不无关系。

4. 以祥为美

吉祥是装饰寓意表达的中心主题。中国人人生追求的永恒主题，体现在民俗生活的各个领域。古建筑的装饰原则为"建筑必有图，有图必有意，有意必吉祥"。李砚祖的《装饰之道》讲："吉祥，本意为美好的预兆。《说文》谓'吉，善也'，'祥，福也，从亦羊声，一云善'。"又讲"'美'，上为羊祥，下为大，即'祥'为'大美'之意。《说文解字》释'美'字说'美，甘也。从羊，从大。羊在六畜主给膳也。美与善同意'。《说文》谓'羊，祥也'"。这些文献不仅阐述了"美"与"吉祥"的关系，也为装饰艺术的研究开辟蹊径。成玄英《庄子注疏》言"吉者福善之事，祥者嘉庆之征"。可见"福善""嘉庆"是吉祥的具体表现，它足以涵盖人生方方面面的需要。而且，中国民居装饰的主题也主要是祈福求吉。普通人家即使无力追求精美的宅门"硬装饰"如门罩、门钉、铺首等，也不会放弃简单、朴素的"软装饰"如纸质门神、对联、福字等。

以祥为美，也是晋商大院宅门装饰的主题。晋商家族意识强烈，多是宗族群居的生活方式。子嗣兴旺、父贤子孝、学有长进、生意兴隆、福寿绵长是晋商的全部愿望。宅门是整个家族的脸面，也是寄托家族愿望最理想的载体。

于是，形式上，有了期盼家族多子多孙的葡萄或葫芦等藤蔓式的挂落飞罩，希望子嗣寒窗苦读、学有所成的书箱式门枕，祝愿长辈寿比南山的"百寿图"照壁；

题材上，有了象征志趣高洁的"岁寒三友"松竹梅、"四君子"梅兰竹菊，寓意仕途顺利的"一路（鹭）连（莲）科""平（瓶）升三级（戟）"。

另外，某些装饰表面上虽是主人附庸风雅的一种行为，如门匾、楹联，实质上仍是对中国传统文化生活的一种追求。它们所产生的教化、启迪作用，殊不知是另一种高层次的"和谐"与"吉祥"。

某些宅门装饰构件除题材和主题与吉祥有关外，其本身也有着深远的吉祥寓意。如门钉，有生殖崇拜、子孙兴旺之意。因此，即使这些构件后来不再具备实用功能，仍作为一种祈福求吉的心理习惯被留在了宅门上。

五、晋商大院文化的时代价值

《孟子》讲到"天下之本在国，国之本在家，家之本在身"。现代歌词中也唱"家是最小国，国是千万家"，可见，在家与国的关系中，家是构成国的最小单位，国是家的延伸。小家和大国是密不可分的整体。所以，自古以来，中国人就特别提倡家国情怀。

在这方面，晋商堪称典范。晋商大院讲述着晋商的家国情怀。所以，晋商大院文化对当今社会有着一定的时代价值。

1. 促进家庭文明建设

儒家以"修身、齐家、治国、平天下"为社会价值观念，认为一个人先要修己，把自己修炼为有道德修养的人，才能更好地治理家庭；家庭治理有序，国家才能安定。所以，个人、家庭、国家三者的利益是一致的。晋商大院作为私家宅院，在待人接物、子女教育、长幼相处等方面有严格的规范和训诫，形成可为后世垂范的家风家训。这些家风家训词简意丰，寓意深厚，为社会主义家庭文明建设提供了宝贵的精神财富。

2. 推动实现中华民族伟大复兴

晋商大院作为历史的见证者，用浓重的笔墨记录了晋商的家国情怀，这种真挚的情感，不单单是一种情绪体验，更重要的是，它是当今社会的普遍价值追求，是激发我们奋发向上的精神动力。所以家国情怀是实现中华民族伟大复兴的原动力，我们要把晋商的家国文化传承、发展下去，利用晋商大院开展爱国主义教育，培养家国情怀。

3. 开展爱国主义教育

晋商大院文化中的家国文化是爱国主义宣传教育的重要阵地，是爱国主义教育的宝贵资源。

抗日战争时期，晋商出钱出力，积极投身于抗日中，乔映庚有很强的家国观念，深知有国才有家，毅然将儿子乔倜送去参军，并时刻关注前方战事，叮嘱乔倜练习过硬的本领，对敌人坚决打击的同时也要保护好自己，以便更好地为国家作贡献。残酷的战争，使年仅22岁的乔倜永远安息在了战场。牺牲前他曾给父母写过一封家书，字里行间表达了对家人的思念和保卫国家的决心。这种心怀国家、报效祖国的决心和举措，值得后人学习。

为了将这种精神品质发扬开来并传承下去，政府以乔家大院和渠家大院为馆址设立了祁县民俗博物馆和晋商文化博物馆。两馆开馆以来积极创建爱国主义教育基地，2005年被评为"山西省爱国主义教育基地""山西省德育教育基地"，2017年被评为"晋商文化教育基地"。

总之，晋商纵横商界500年，创造了商业史上的奇迹。晋商花巨资在家乡兴建的豪宅大院，是当年晋商大院文化的真实写照。这些大院无一不气势恢宏、布局整齐、寓意深刻，具有很高的艺术价值和文化价值，彰显了晋商当年的辉煌、展示着中国历史深厚的文化积淀和晋商文化的魅力。

第六节　晋商民俗文化的美学价值

晋商是明清时期实力最强的地域性商帮。晋商的兴起、发展与山西的经济、社会、游艺、信仰等方面的地域民俗有关。同时，晋商的发展也进一步对当地的民俗起到了巨大的推动作用。

一、晋商民俗文化概述

晋商民俗文化，就是适应晋商的社会生活，以晋商文化和民俗风情为主体的物质上、精神上和制度上的传统。它对于规范和促进晋商的经营与生活，具有一定作用，包括经济民俗、社会民俗、游艺民俗、制度民俗、传统文化民俗等，也体现在衣食住行各方面，其内容相当庞杂丰富。晋商民俗文化脱胎于山西晋中的传统民俗文化，随着社会的发展，逐渐调整、完善自身，成为一个特殊群体，其具有的特色鲜明的民俗文化，与山西其他民俗文化相互影响，彼此共同发展。

二、晋商民俗文化的美学分类

1. 经济民俗中的美学

它主要表现在其经营观念习俗和集市贸易习俗两方面。山西经商的历史悠久，唐代、宋代就有晋商的经商活动记载。到明清时期，祁县、平遥、太谷等地盛行经商的风气。山西城乡从古至今形成了各种各样的集市、庙会，晋商利用这种传统的市集形式，开展贸易往来，扩大物资交流，促进商业的发展。山西著名的庙会有祁县东观古庙会、太谷范村古庙会、平遥城关城隍庙会等。

2. 社会民俗中的美学

它主要表现为家族习俗和分家析产两方面。一定程度上，社会民俗发源于家族习俗。以祁县乔家家族为例，乔家奉行金融商业为主要职业特征的家世门第的观念。乔家严明的家风、家规深刻影响着四周一带的民风。分家析产是我国古代家庭关于财产分配与继承的一种形式，一般而言财产需要平均分配到每个家庭，但这也使有限的资源过于分散。

3. 游艺民俗中的美学

游艺民俗是晋商民俗文化的重要体现。晋商的发展过程中，财富的大量积累让他们能够有精力投入精神文化生活，内容繁多的精神文化生活有雅俗之分，儒雅的精神文化生活是比较安静的，如吟诗、作画等，而世俗的精神文化生活是比

文艺美学视域下的晋商文化

较热闹的娱乐活动,在这些娱乐活动中,最主要的当数社火和戏剧,其次还有武术等,这些就是我们所说的游艺民俗。

社火活动以榆次南庄架火最为有名,这其实就是古时人们放的焰火。正月十五扎起高高的架子燃放焰火,又高又红,正因为有这美好的寓意,所以备受人们喜欢。但社火可不单单是燃放焰火,还有九凤朝阳、耍龙灯、二鬼摔跤、刘三推车、张婆背张公、丑女倒骑驴、沈老爷坐轿、抬阁、背棍、撅棍、旱船、高跷、耍狮子、绞活龙、白鹤童、大头娃娃等。

有民谣:"南庄的火,太谷的灯,徐沟的铁棍爱煞人。"太谷灯主要是展出供人们观赏的花灯。每到元宵节,大街小巷、房顶树梢,都挂起了形态各异的花灯,整个县城成为一片花的海洋,煞是好看。

山西戏曲剧种以蒲州梆子、中路梆子、北路梆子、上党梆子、太谷秧歌、碗碗腔等为代表,是山西戏曲艺术的瑰宝。几乎所有晋商会馆都会建有戏台。晋商经商之路不仅实现了物质资料的沟通,同时也将梆子戏传播到各地。晋商在支持和参与梆子戏的活动中,不仅满足了自身的娱乐要求,而且也扩大了自家商号的知名度和影响力。作为山西代表性剧种,在晋中商帮直接倡导下从蒲剧移植并发展成熟的中路梆子,中华人民共和国成立后被冠以"晋剧"之名。

历史上,晋商走南闯北,由于长途贩运、押运现银、保护商号和宅院安全的需要,难免遇到流寇盗贼,镖局应运而生,商家也开始聘请武师保镖护驾。一度使晋中地区成为武林高手的云集之地。流传于山西的少林拳、太极拳、晋中"心意拳""形意拳"等武术文化的形成和传承,就是典型的例证。晋商为习武者提供了很好的就业机会,促进了武术与镖局的发展;习武者为晋商提供了安全保障,使其进一步开拓商路。晋商为山西武术文化乃至中华武术文化的传播都起到了积极作用。

4. 信仰民俗中的美学

前文我们提到的晋商对关公的崇拜是他们经商过程中的信仰。其实,除此之外,晋商还有别的方面的信仰,体现在生活的方方面面,演化为信仰民俗。

第三章　晋商文化的美学价值

　　信仰民俗是晋商民俗文化的精神崇尚。信仰习俗是当地人们对某种理论、学说、主义的信服和尊崇。它主要包括居住禁忌、婚姻禁忌、生活禁忌、农神崇拜、动物崇拜、植物崇拜、神灵信仰、宗教信仰、风水占卜、岁时节日等民俗。如乔家大院的人生礼仪习俗，包括生日满月习俗、婚丧习俗、祝寿礼仪等内容。其中，以婚事习俗系列最为详尽，从相亲、定亲，到出嫁、迎亲、拜堂、入洞房的全过程应有尽有。

　　中国人注重岁时节日。古时，很多人经济拮据，小节能不过就不过了。但家底殷实的晋商可不是这样，一年中的"四大节八中节二十四小节"，凡遇到节日必须像模像样地过，根据地方习俗，通过严格的礼仪来寄托他们的信仰。

　　"四大节"包括春节、夏节、秋节和冬节。春节算是一年当中最大的节日了，在这天，晋商是一定要吃饺子的，因为饺子是元宝状，象征钱财，寓意财源滚滚；要吃年糕，年糕谐音"年高"，寓意步步高升，代表人们对新年和未来的美好祝愿；还会来一碗长寿面，这是一碗只加了盐、老陈醋和腌咸菜，没有一点油腥的普通面条，寓意着勤俭节约不忘本。

　　"八中节"中的元宵节是最热闹的，庆祝活动有踩高跷、舞龙灯、挂红灯、供神等，表达庆丰收的喜悦和对来年美好生活的愿望。元宵节一过就快到二月二龙抬头了，这天要吃煎饼，也叫"剥龙皮"，也是反映百姓祈求平安、渴望幸福的美好愿望。

　　晋商除了在自己家族或家庭内部置办宴席之外，还会以大族之名大宴宾客。这样的宴席不仅规模大，而且规格也很高，需要花费很多银两。晋商大宴有等级不同的席面，常见的有"四四到底""四四席""八八席""一品锅""三鲜盆""满汉全席"等。

　　"满汉全席"当然是档次最高的，一般很少开。晋商大宴多发生在重大节日时，比如在除夕之夜，晋商会在午夜12时开设夜宴，招待所有商号的掌柜为一年的辛苦付出画上句号，也寄托对来年的美好希望。正月初七，传说这一天是人节，人的生日，民间称为"人日"，晋商也要设大宴，宴请达官显贵、绅士名流，并以唱戏来助兴。

文艺美学视域下的晋商文化

每年的三月十五为民俗财神节。为迎接这一天，晋商会提前蒸好枣山馍馍作为祭品，祭祀"财神"赵公明。枣山馍馍必须又大又白又漂亮，以讨得财神喜欢。每年的五月十三是关帝节，这对晋商来说是晋商更为隆重的节日，不仅男主人要亲自祭祀，家中女眷也要去关帝庙祭拜。祭祀除了供品，还要给庙宇捐款，以显示自己的虔诚。

民间传统的手工技艺是信仰民俗文化的一朵奇葩，集世世代代晋商的智慧，成为山西的一张名片。这些以传统手工出名的信仰民俗中最值得一提的是平遥三件宝之一的推光漆器。平遥推光漆器始于魏晋南北朝时期，作为一种古老的传统艺术珍品，历来是三晋名产，平遥三宝之首，曾屡获国家级金、银奖。在唐朝（公元618年—907年），推光漆工艺基本形成地方特色，到明清时已具相当规模，开始出口到英、俄等国。

现在，这项技艺被国务院批准列入第一批国家级非物质文化遗产名录。平遥推光漆器生产工序复杂，从材质来看，质地精良，坚固耐用，不怕开水烫，不怕烟头烧；从造型来看，古朴典雅，造型各异；从画面来看，色调协调，描金彩绘和自动变黑的色彩相呼应，实现了实用性和艺术性的完美结合，展示了山西的人文风貌。

随着晋商的发展，山西面食闻名全国，形成独特的面食文化。山西面食不仅制作方法多，而且种类也多，削、拨、剔、馏、抿、擦、剪、握、搓、捏、掐、压、拉、擀是最常见的面食制作方法，馒头、包子、花卷、窝窝头、发糕、面条、面叶、面片、剪刀面、擦尖、剔尖、抿尖、猫耳朵是山西最常见的蒸煮类面食。还有推窝窝、莜面鱼鱼、炒饼、油糕、烙饼等一些煎炒类面食，光选择就让人眼花缭乱。

遇到诸如生日、满月、祭祀等一些节日，面食是最好的社交礼物，在这些日子里，人们会根据节日做各种造型的花馍。为老人祝寿，会做寿桃样的花馍和长寿面，寓意延年益寿；孩子满月要做葫芦样的花馍；祭祀会做莲花样的花馍等。在这样的日子，这样的场合，面食的食用功能已经大大弱化，更多的是它的社会文化价值。

三、晋商民俗文化的美学特征

1. 山西民俗文化具有明显的南北差异性的美

晋南崇礼重义，谨慎又具有忧患意识；晋北彪悍尚武，吸收佛教信仰；晋中善于经商，生性悠闲不惧战争。民俗内部微妙的差异让山西人摆脱刻板的固定形象，使山西人更有个性化和丰满真实，这是由山西人生活的自然环境与社会的人文环境决定的。

2. 山西民俗文化有矛盾的双重性质的美的特征

矛盾的双重性即民族融合性和兼容并包性。与外来文化交流体现出渗透性、适应性，与自身的封闭形成矛盾的双重性质。作为民族融合的熔炉，晋商会馆不仅奠定了民俗的多样性，还丰富了其内涵。这种多样性在不同程度上间接或直接地改变了主流文化的发展进程。然而，事物都有两面性，这种民俗的内部矛盾也促使山西地方特色戏曲在情节和主题上产生了冲突和对立，从而使得角色的行为目的更加复杂。

3. 山西民俗文化具有保守的传统美的特征

山西民俗文化以农业为基础，具有黜华尚实性，道德价值多与勤劳朴实、敦厚善良、节俭吃苦和以义优先有关，去除了过于华丽的形而上学思想。经济民俗、信仰民俗、节日民俗和游艺社火都来源于农业，商贸民俗和出行民俗的发展也受到农业水平的制约。这让民俗文化的主题和场景多半通过农业活动去间接展现。山西民间美术的主体内容也是农业生产活动的视觉重构，源于日常活动最频繁也最有价值的行为美，这种元素是成为装饰生活、表达意念情绪的艺术载体。

民俗文化是长期以来保存下来的民间风俗的总称，因此绝大多数原汁原味的民俗文化都深藏于农村。山西作为华夏文明的发祥地之一，在千百年的历史演进中保存了极其深厚的民俗文化，随着晋商的传奇与发展，让我们感受到了山西民俗文化的人文美。

第四章　晋商文化的传承和发展

第一节　晋商文化的现代传承

晋商文化作为山西极富地域色彩的民族文化，全面彰显了晋商在商业、生活中形成的完善的经营制度、高尚的伦理道德，对后世有很大的垂范作用，尤其是在全面建设文化强国的现阶段，晋商文化不仅备受关注，而且越来越体现出传承价值。

结合当前形势，晋商文化的传承发展要与新时代结合起来，努力探求二者的关联点，达到传统与现代的对接，传承并发展晋商文化的先进性内容，在新时代发挥晋商文化的优势，更好地引导社会生活各方面的价值取向。

一、现代传承的价值

晋商文化内涵丰富，包罗万象。古之晋商与现代商业比较而言，同为经商，其文化有相通之处。晋商文化的核心是诚信，以诚实守信为本，兼顾"仁""义""礼""智"。

现代商业奉行的文化是"爱商敬业、忠于职守、公平交易、诚信无欺、开拓创新、文明经商、公平竞争、相互协助"，爱岗敬业即为"仁"，忠于职守、相互协助即为"义"，文明经商即为"礼"，开拓创新即为"智"，公平交易、公平竞争、诚信无欺即为"信"。

由此可见，现代商业文化作为新时期市场经济背景下的文化体系，是吸收了晋商文化的精华的。晋商文化在某种程度上有其先进性，是我们理应继承和发扬的。晋商文化要继承，不是一味拿来。取其精华，去其糟粕是我们传承晋商文化的原则。结合我们所处的时代、环境等因素，晋商文化之精华对现代社会的指导意义大体可以体现为三个方面。

第四章　晋商文化的传承和发展

（一）诚信做人、勤俭持家

晋商一直恪守先做人、后经商的信条，并将诚信作为祖训。商业活动中坚持信用为上，取信于人，宁肯亏损也不玷污自己的招牌。如晋商灵石王家始祖用"忠、信、诚、实"来为兄弟四人取名，就是期望他们能够做诚信之人。而晋商祁县乔家乔致庸更是秉承"诚信不欺"的准则做人做事。

在乔家的复盛油坊发生过这样一件事：油坊的一个伙计为了牟利在油中掺假，被掌柜发现，掌柜赶紧将顾客买到的假油换成真油，挽回了复盛油坊的声誉。顾客走后，掌柜将伙计训斥、教育一番，还把所有掺假的胡麻油全部倒掉，坚决不卖假货损害顾客利益。乔致庸因此对掌柜大加赞许。

孔子在《论语·八佾》中讲到礼的本质时说："礼，与其奢也，宁俭。"清康熙帝也曾说："晋商多俭，积累易饶。"受上千年儒家思想影响的晋商，延续了勤俭的伦理标准。创业之初节衣缩食，发家之后依然是勤劳俭朴。晋商正是凭着诚信、勤俭的个人品质，积累了雄厚的资本，创造出辉煌的业绩。

（二）开拓创新、以义制利

晋商皆是小本生意起家，但没有因为生意小而故步自封，而是勇于开拓市场，不断创新。

"到19世纪中叶，晋商资本之雄厚不仅垄断了中国北方贸易和资金调度，而且插足亚欧市场。南起香港、加尔各答，北到伊尔库茨克、西伯利亚、莫斯科、彼得堡，东到大阪、神户、横滨、仁川，西达塔尔巴哈台、喀什噶尔等城市和阿拉伯等国家都有晋商的商业机构。"[1]并且首创了"汇通天下"的票号业务。

正是凭借开拓创新的精神，晋商做到了货通天下、汇通天下。在大力提倡创新创业的今天，晋商开阔的视野、创业的勇气、创新的精神都是值得我们借鉴的宝贵财富。

晋商经商，谋取利益并不是他们的终极目标。在经营过程中，他们信奉儒家"诚信义利"的思想，以义制利，努力平衡好义与利的关系，数百年来积攒了良

---

[1] 刘建生，刘鹏生.晋商研究[M].太原：山西人民出版社，2005：105.

好口碑。这种利益面前义字当先的品格是值得后人学习的。

(三) 大智大勇、胸怀天下

"百年晋商，五常为纲"，晋商以儒家五常为纲，制定祖训，并随着社会发展不断完善祖训（见表4-1），来规范和训诫自身。

表4-1　不同时期晋商祖训变化

时期	内容
清	大忠大爱为仁，大孝大勇为义，修齐治平为礼，大恩大恕为智，公平合理为信
民国	天下一统为仁，民族兴亡为义，自强不息为礼，福亏自盈为智，以义取利为信

从表4-1可以看出，晋商在不同时期对"仁、义、礼、智、信"有不同的阐释，但是每种阐释都包含了晋商家国天下的思想。

孟子曰："穷则独善其身，达则兼济天下。"晋商在其发展的500年间，每到国家危难关头，无不挺身而出，慷慨解囊。

晋商祁县乔家乔致庸成为乔家的当家人后，并不是一味追求更大的经济利益，而是开始散财以造福四方。小到邻里乡亲有难，他慷慨解囊，商业伙伴有难，他鼎力相助；大到朝廷征缴费用不足，他竭力相助，拿出250万两银子助军西征；面对成千上万的落难灾民，他倾尽所有，粗茶淡饭思国难。灵石王家王崇仁也是家国天下的大儒商。八国联军攻占北京，开在北京的王家票号遭受严重的挤兑，一直处于亏损经营状态，然而，王崇仁接到朝廷筹措粮款的命令后，毅然将王家大院抵押筹款募捐，为将士抵御外敌做了充足的后勤保障。晋商这种忧国忧民的情怀和家国天下的气魄创造出一个个传奇，值得后人学习。

二、现代传承的基本途径

(一) 树立正确的传播理念

传承，即传播与继承。研究晋商文化的现代传承，传播是一个绕不开的话题。要以现代传播理念为指导，做好晋商文化的传承工作。我们必须树立起新的文化传播理念，而不是对传统文化全盘接受。

第四章　晋商文化的传承和发展

晋商由盛而衰的发展史告诉我们，当下，要继承晋商文化的精华部分，努力把晋商文化与现代文化融合起来，打造晋商文化品牌，同时，吸取其衰亡的经验教训，勇于创新，不断提升。

晋商文化的现代传播必须要树立社会主义核心价值观指导下的传播理念，将晋商文化本身与现代社会所处的文化环境结合起来，发展出能够被现代社会接受并传播的文化。

（二）构筑充分的传承途径

现代社会传播媒介日益丰富，从最原始的书籍，到后来的电影、电视、戏剧、网络，使得晋商文化这一本不属于大众文化的文化形式，被别开生面的传播方式拉开了。

1. 发挥纸媒、影视等传统媒介的独特优势

在这里，纸媒主要指图书。"图书作为一种印刷媒介，种类很多，其中最具有大众传播特点的是畅销书。这类图书不仅传播速度快，而且传播范围广。"[1]晋商文化作为一种历史积淀，要做到让受众喜闻乐见、轻松接受，非娱乐消遣性质的畅销书不能及。像《乔家大院》这样的小说，就以其极大的通俗性、有趣的故事性吸引受众阅读，在阅读故事的过程中，受众了解了其中蕴藏的文化内涵。

电视因其容易获得、操作方便、覆盖面广、内容丰富等特点在文化传播方面具有独特的传播优势。电视通过影视作品电视剧、电影等形式对晋商文化进行通俗的、富有趣味性的艺术再现，成为晋商文化最有效的传播方式之一。"以视觉图像传播的电影和电视，是国际化和大众化的媒介产品，拥有最广泛、最普遍的受众。由于电影电视的影像符号与现实生活实体形象的逼真、相似，使得以电影和电视为代表的视觉文化不仅超越了民族界限，也超越了传统文字符号对教育程度高低的界限，成为人们普遍共享的大众文化。"[2]可见，影视的传播方式要远远优于其他媒介。

另外，戏剧媒介也不容忽视。现在已是家喻户晓的舞剧《一把酸枣》在传

---

[1] 李彬. 大众传播学[M]. 2版北京：清华大学出版社，2009：139.
[2] 杨静. 中国电视剧叙事文化研究[M]. 昆明：云南大学出版社，2005：5.

播晋商文化方面也收到了很好的效果。该剧荣获国家舞台艺术精品工程十大精品剧目等众多奖项，并在国家大剧院演出多次。首演至今，已经巡回演出了500多场，观众达到50余万。2016年，晋剧《王家大院》获得了山西省第十一届精神文明建设"五个一工程"优秀作品奖；2017年，获首届山西省艺术节优秀展演剧目奖。相继在北京梅兰芳大剧院、山西大剧院、晋中大剧院以及省、市、县、乡、村演出60多场，并于2018年9月20和21日再次进京，参加国家大剧院"2018金秋演出季"地方戏曲展演，所到之处座无虚席，受到业内外观众的一致好评。

2．充分利用QQ、微信、抖音等网络新媒体

现在，我们已经进入"互联网+"时代，网络带来的信息海量化、消息即时化以及交互性等优势是其他任何媒介都不可企及的。利用网络新媒体加强对晋商文化的传承显得十分重要。首先，建设晋商文化网站，加大其宣传力度。人们通过网站设立的各个项目，就可以获取各自想要了解的内容。如晋商的相关史料、研究状况等，能够使人们比较全面地了解晋商文化。其次，随着旅游业的蓬勃发展，相关旅游景点的网站建设五花八门，晋商文化传承可以以此为契机，做好晋商旅游景点的网站建设，让人们在网站上"观光"旅游景点的同时，了解晋商文化。目前，王家大院旅游景点的网站建设可谓范本。从"大院总说""行政机构""景点介绍""大院文化""学术研究""美丽风光""历史足迹""文物保护""旅游服务""新闻快讯""游客留言"几个方面，图片与文字相结合，对王家大院进行了详细的展示和介绍，以极强的画面感，让人们体会晋商文化的精髓所在。

3．依托校园、公益组织等特定机构进行传播

晋商文化作为山西本土文化，以山西省高校为依托进行传播具有得天独厚的优势。省属高校在传播晋商文化方面有不可推卸的责任和义务。可以在高校开设晋商文化课程，向学生普及晋商文化知识，宣传晋商文化精神。

另外，召集社会、企业、高校、政府等对晋商文化感兴趣的人员，建立晋商

文化传承创新研究会。研究会定期或不定期组织会议聚会，交流创新研究信息，商讨会事，制定会规。会议组织会员建立诚信经商机制，对会员诚信进行打分，建立档案，颁发诚信证书。与新媒体结合起来，宣传晋商文化的精髓。

总而言之，晋商文化作为一种独特性的地域民族文化，在现代社会要以一种包容、开放的眼光，在不同文化的交流碰撞中不断丰富发展自己。在新的历史时期，要大力发掘晋商文化的精华部分，并使之与现代社会相融合，以崭新的面貌与社会大众见面，不断奉献社会，为山西的全面发展作出贡献。

第二节　新时代晋商优秀传统文化的创造性转化和创新性发展

优秀传统文化是一个国家、一个民族传承和发展的根本，如果丢掉了，就割断了精神命脉。

近年来，历史悠久、内涵丰富的晋商文化，其精华越来越受到社会的关注与推崇。晋商作为儒商，其折射出的深厚的儒家文化，为我国优秀传统文化的发展提供了丰富的文化资源。在我们坚定文化自信的今天，努力提升晋商优秀传统文化的新时代内涵是增强我国综合国力的一部分。

作为历史的晋商文化，要指导现时代的社会生活，必须经过调整、转化，才能得到进一步发展，所以对其创造性转化和创新性发展已经成为当前山西现代化建设亟须解决的问题。因此，研究分析"晋商优秀传统文化创造性转化和创新性发展"这一主题拥有非常重要的社会意义。

一、晋商文化的历史定位与时代价值分析

随着晋商崛起，以晋商为代表的晋商文化也逐渐兴起。晋商文化，是指在中国儒家思想影响下，起源于山西的商业文化，其与晋商的实际商业运作模式密切

相关，成为指导晋商经营管理、发展的文化思想和商业思想[①]。晋商在明清时期称雄商界500年之久，他们的成功是令世人惊叹的。晋商在中外商业史上取得了辉煌的成就，给我们留下了宝贵的文化遗产。

晋商文化内涵丰富。山西商人艰苦创业的精神、诚信做人的信条、家国天下的情怀、经世济民的格局在国内外赢得了很高的赞誉。在经营过程中，形成的明晰的股权结构、首创的票号制度、严格的用人机制、果敢的首创精神，在家庭中形成的经典的建筑模式、模范的伦理道德、多样的民俗特色等，都属于晋商文化的范畴。

山西历来重视商业发展。山西商人在商路中逐渐形成了诚实守信、开拓进取、和衷共济、务实经商、经世济民的晋商精神。自古以来，山西就是"一带一路"大商圈的重要组成部分，作为大商圈成员之一，凭借这种不朽的晋商精神、灿烂的晋商文化，缔造了传世的晋商神话。今日之山西要实现转型发展，依然可以从晋商文化中汲取智慧力量，解决发展中的问题。

二、晋商优秀传统文化创造性转化和创新性发展的科学内涵和重要意义

创造是从无到有，创新是推陈出新。晋商文化的创造性转化要结合特定的时代背景，取其具有可借鉴意义的内容加以改造，这一转型使晋商文化具有明显的时代特点。创新性发展是根据时代要求，在原来传统的晋商文化的基础上，进一步丰富传统文化的内涵，使其成为兼具传统和当代特点的新的文化形态，进一步实现晋商文化的价值提升。晋商优秀传统文化的创造性转化和创新性发展是晋商文化适应新时代需要作出的文化结构调整。在这一过程中，要有较高的鉴别能力，做到取其精华，去其糟粕，努力为经济发展、社会进步提供价值较高的文化养料。

晋商优秀传统文化的创造性转化和创新性发展，不仅为山西发展提供精神动力，也为整个中国特色社会主义文化的发展作出了巨大贡献。

---

① 张雅婷. 古代晋商文化的精髓[J]. 金融博览，2014（16）：83-85.

首先,晋商文化自身发展需求。晋商优秀传统文化中的"重义轻利,诚信为本""诚招天下客,义纳八方财""严于律己,克己自制""学而优则商""穷则思变、艰苦创业""唯贤是举的用人机制""公开公平的商业活动"等文化精华,是社会发展的先进文化,历来备受社会普遍关注。在新的社会历史条件下,晋商文化要继续发挥其先进作用,不断推陈出新,为新时期文化事业贡献力量,创造性转化和创新性发展就是晋商文化自身发展的必由之路。

其次,为山西经济转型发展提供精神动力和智力支持,有力增强了社会的文化自信。在多元化发展的今天,衡量一国综合实力的标准也在不断完善,文化以其软实力的特征在强国建设中发挥着重要作用。可以说,没有晋商文化的繁荣,就没有山西经济的健康发展。

一个地区、一个国家的发展水平,除了显性的物质水平,还有隐性的精神文明程度,需要先进文化的支持和引导。形成于山西的晋商文化对山西地区转型发展具有得天独厚的优势,密切关联的地域性、风俗相近的人文性、历史精神的延续性等是其 500 年发展的肥沃的土壤,500 年前,晋商文化能够成就晋商在商业上的辉煌,500 年后的今天,对晋商文化的转化创新同样能够对山西经济发展作出贡献,晋商文化是今天山西商人从事商业贸易活动的不竭的精神源泉,是推动山西经济转型的智力支撑。

三、晋商优秀传统文化创造性转化和创新性发展的有效途径

1. 以史为鉴、与时代相结合

以史为鉴、与时代相结合进行转化,加强晋商优秀传统文化研究的阐述工作。

晋商文化中的很多思想、理念直至现在还有很大的借鉴意义。晋商在多年的经营活动中形成的商业模式、用人制度、信仰体系以及家族的建筑风貌、教育原则、伦理规范等内容形式对当前社会文化发展具有启示作用。如诚实守信,以德经商的商业文化;勇于开拓、不怕风险、敢为天下先的创新精神;传承家风、用好人才的用人机制;以学保商、学而优则商的特点,培养了优秀的企业家和管理人才;对外,晋商在人员设置上是因事设人,对经理坚持"疑人不用,用

人不疑"的原则①。

时隔 500 余年，我们要对晋商文化实行创造性转化，实现创新性发展，这是一个古为今用的过程，还是一个理论联系实际的过程。用晋商文化的比较完备的文化体系来指导今天的现实生活，必须从历史中借鉴经验，总结规律，以求高效指导如今的经济、政治、文化建设，为山西转型发展贡献力量。

2. 顺应新时代要求，创新文化表达方式

顺应新时代要求，创新文化表达方式，借助现代媒体技术，多渠道推动晋商优秀传统文化的转化和发展。可以通过动漫、影视、书画等作品对晋商的商业活动等进行情景再创造，以多样的形式对晋商文化进行深入挖掘、阐释新意，应积极促进文化创意产业的发展，推出贴近社会生活的实用的晋商文化创意产品。

科技飞速发展的今天，晋商优秀传统文化的转化和发展，势必与科技接轨，将科技运用到文化发展的全过程，全面运用新科技、新媒介、新载体，将"互联网+"等引入晋商优秀传统文化建设中。结合重大节日、传统节日等举办文艺晚会、讲座、开展主题创作展示活动等，多渠道地把晋商文化的商业文化、伦理文化等元素以润物细无声的方式融入人们的日常生活，努力创建亲民、时尚、富有文化魅力的方式，更好地实现晋商传统文化的传承与创新。

3. 加强晋商优秀传统文化的国际交流传播

加强晋商优秀传统文化的国际交流传播，再造新晋商，推动晋商优秀传统文化的转化和发展。随着全球化进程的推进，各国义化碰撞也日益激烈。晋商作为影响了世界的商帮，其文化的转化、发展也应该再次登上世界的舞台，在全球文化的相互借鉴中得以实现。可以乘着全球化的东风，将晋商文化从国内推向国际，吸收外来文化，取长补短。同时，要推进国际传播能力建设，将晋商传统文化中的内涵与不同民族国家文化的民族特点联系起来，综合运用新技术、新手段、新载体，向世界展示晋商的文化魅力。

---

① 徐继开，于法伟，王小琴. 弘扬晋商精神 促进工商企业文化创新发展[J]. 中共山西省直机关党报学报，2018（03）：64-68.

4. 把晋商优秀传统文化融入生产生活

把晋商优秀传统文化融入立德树人教育的生产、生活及文化创作的创新发展中。晋商优秀传统文化要真正在人们的心中扎根，并且外化于生产生活实践，是一项艰巨的任务。不仅要增大覆盖面，还要注重实效。所以，学校是最好的发展传播场所。在中小学普及晋商文化常识，小学可以依托社会这门学科，打开学生的视野；中学可以依托思政课，让学生接受文化熏陶。高校可以作为中小学晋商文化学习的延伸，直接开设相关课程，还可以有相关的实践活动，让学生从一定的高度更加准确地理解晋商文化。另外，高校教师要率先垂范，带头学习、研究晋商文化。

第三节 新晋商与新晋商文化

一、新晋商的崛起

20 世纪 90 年代，脱胎于晋商的"新晋商"日益发展起来并不断壮大。新晋商通常指中华人民共和国成立以来的山西商人。2005 年，太原成立了新晋商联合会。新晋商的产生不仅是我国经济发展和繁荣的必然结果，更是晋商精神的延续，充分展现了晋商团体的价值追求。

新晋商之所以新，是因为它在传承晋商文化、吸收晋商精神时注入了新时代元素。新晋商的发展与山西经济、政治、文化等方面密切关联，在其发展过程中创造了丰富的物质文化和精神文化，这些灿烂文化可以有力地带动山西各方面发展。但是在实际发展过程中，面对新的传播媒介，新晋商文化渐渐失去了自己的声音，陷入传播困境。如何突破现实困境，在不可规避的不利因素中寻找突破口，让新晋商文化彰显其活力并深入人心，这是一个值得思考和研究的问题。

任何事情的发展都具有两面性，诚如狄更斯所言："这是最好的时代，也是最坏的时代。"新媒体的出现，传播途径的拓展，为传播提供了更多的发展空间，但也给传播带来巨大考验。新晋商文化要在现在的社会环境中传播，必定会暴露出自身的一些弊端。这些弊端是新晋商文化发展的不利因素。变不利为有利，就要有所突破。努力挖掘适合新晋商文化发展的传播方式，就是突破方向之一。

社会的发展加速了大众传播的进程，大众传播以其便捷的传播媒介、广大的受众面被社会普遍接受，也成为晋商文化在新的社会环境中传承发展的主要途径。在传播过程中，传播载体的多样化，拓宽了信息渠道，为晋商文化传播营造了良好的传播环境，晋商文化得以在新的环境中开启新篇章，谋求新发展，逐渐成为一种新的晋商文化体系。

新晋商在发展过程中，继承并发扬晋商的优良传统，坚持诚实守信的本分，恪守以义制利的信条，弘扬艰苦奋斗的作风，以改革创新的崭新姿态引领山西商业发展。

二、新晋商文化的内涵

新晋商文化与晋商文化一脉相承，它既承袭了晋商文化的精华，又具有鲜明的时代特征，能够经得起新时代发展浪潮的冲击。在社会发展过程中，新晋商文化不仅被赋予有别于晋商文化的新意义，同时也承担着新的使命。

新晋商文化同晋商文化一样，深受中华民族传统文化的影响，在商业活动中始终遵循晋商诚实守信、艰苦奋斗、守法敬业的经营理念，传承了晋商开拓创新、注重管理的商业精神。在发展过程中，新晋商要学会积极运用社会主义核心价值观来重新塑造自身的形象，充分发挥地域文化的优势，树立新晋商品牌。同时，要讲求诚信、公平合法竞争，做新时期的儒商。

三、新晋商文化的内容

文化在不同的层面上，有不同的范畴。新晋商文化可以分为物质文化、制度文化和精神文化三个层面。

（一）物质文化

物质文化层面主要指新晋商在山西煤炭、钢铁等实体行业中创造的物质财富。相对于明清时期的晋商，新晋商的视野显然更为广阔，他们的眼光也看得更长远，他们积极利用社会资源,向各类新兴产业拓展自己的领域,在航空、网络、电子等新兴技术行业,取得了喜人成绩,很好地塑造了当代新晋商的形象。在物质文化建筑方面,新时期的晋商会馆也在陆续建立中,如坐落在北京西三环北路的新晋商会馆,融合了古代晋商庭院的砖瓦元素和精致木雕,结合了现代时尚大气的装饰风格,在尊贵大气的同时不失古色古香。新晋商在创造了极其丰富的物质财富之后,衍生了一些先进的精神文化和制度文化。

(二) 精神文化

精神文化层面主要指新晋商在商业发展过程中,传承晋商精神,在此基础上形成并日益兴盛的新晋商精神。

山西大同籍的著名营销专家、某企业首席执行官认为,新晋商精神应该包含五个关键词:忠诚度、凝聚力、价值观、责任感和使命感。时至今日,越来越多的新时代晋商开始了自己的投资重心转移,他们将更多的关注度放在旅游、影视、传统民俗等文化创意产业上,为传播弘扬新晋商文化作出了贡献。以"尽显晋商风流,触摸时代脉搏"为口号,以"倡导新晋商精神"为核心理念的《新晋商》杂志从 2005 开始面向全社会发行,目前发行量基本是每期 40000 本。在《新晋商》杂志的官网上,注册用户可以直接在网上进行沟通与交流,并分享成功的经验和自身的经历。该杂志开辟了新晋商文化传播的有利途径。

(三) 制度文化

制度文化是精神文化的产物,也是实现物质文化的工具,是新晋商在发展过程中,为进一步完善其金融经济体制而建立的各种制度和准则的总和。

20 世纪 90 年代,新晋商崛起之时就虚心接受并继承了晋商文化中"义利谐调、劳资共创、产业链竞争"的思想精华,在发展过程中,紧密结合自身特点,首创了以产权制度(P)、工程经济(E)、企业文化(C)为核心的"三维战略管理模型"。多方面制度各司其职又相互关联,形成合力,实现了资源和功能的有机整合,推动了企业制度的创新。

四、新晋商文化与晋商文化的差异

新晋商文化与晋商文化的孕育土壤虽然相同，但是所处的时代不同、发展的环境不同，因而其创造的价值也不尽相同。

（一）主体不同

对于晋商而言，其从业的主体是明清时期的山西商人。历史上，由于山西特殊的环境，山西人外出经商谋求生路，不仅经营项目繁多，而且经营范围广阔，足迹遍布全国甚至跨越国外，在欧亚和阿拉伯国家都留下了晋商佳话。商业的发展使晋商积累了雄厚的资本，成为国内实力最雄厚的商帮，稳居十大商帮之首。随着清王朝灭亡，晋商也开始逐渐衰落。

改革开放时期，带有晋商色彩的"新晋商"跃入人们的视野。郭泽光教授认为，"新晋商"指的是在传承传统晋商精神的基础上，又富有时代精神的、生于山西，或者在山西经商的商人群体。可见，新晋商的主体已经不完全是土生土长的山西人，而是由两个团体组成，一是从事商业活动的山西人，二是在山西经商的商人。因为他们都传承了晋商精神，所以在这个阶段都可以被称为新晋商。后来，新晋商联合会的成立，更加凝聚了新晋商团体的力量，增强了弘扬晋商文化、传承晋商精神的力度，实现了当代晋商复兴、超越的理想和宗旨。

（二）意识不同

作为不同的商业团体，晋商和新晋商在群体意识和创新意识方面存在差异。

儒家的群体精神在晋商的发展过程中发挥了重要作用。晋商因贸易项目不同而形成驼帮、盐商、茶商等不同的商帮，又为了团结所有山西商人的力量、维护山西商人的利益而建立晋商会馆，这都表明晋商注重相互帮助，有很强的群体意识。而新晋商则不然。成立最早、规模最大的天津山西商会会长张世伦认为新晋商群体观念封闭保守，不太能拧成一股绳，鼓励新晋商多学习温州人的抱团精神，众人拾柴火焰高，新晋商的共同努力才能让经济发展壮大，让新晋商文化熠熠生辉。

第四章　晋商文化的传承和发展

晋商是从无以为生的境地中崛起,发展成为富甲一方的商业巨贾的,与其敢为天下先的创新精神是分不开的。在经济落后、各方面条件极度不发达的时期,晋商靠着双脚走遍天下,想别人不敢想,做别人不敢做,闯出一条商品贸易之路,创造出宝贵的财富。而新晋商所处的环境优越,主要依靠既成的先天优势,借鉴的多,突破的少,因此缺乏创新意识。

(三) 核心价值理念不同

晋商与新晋商所处的时代不同,不同时代的社会习俗、价值取向、主流文化等都会影响到商业团体的价值理念。历史上的晋商奉行的是儒家"仁、义、礼、智、信"的价值观,而新晋商奉行的则是"信、新、稳、担、雅"的价值理念。

从根本上来看,明清晋商成功的原因在于他们所坚持的价值理念,经过时间的磨砺沉淀成了内涵丰富的商业文化。儒家"五常"是做人起码的道德准则,这是一种伦理原则,晋商将其作为自己的核心价值理念,存仁心、讲义气、知礼节、有智慧、言有信,这五点始终指导着晋商纵横商界。晋商在经营时讲求义中取利,义字当头,先义后利,这也是晋商制度文化中的价值核心。"君子喻于义,小人喻于利",晋商以德经商,誉满天下,在其商号产业的名称上就能看得出,日升昌、大德恒、蔚泰厚等商铺名称,都采用"昌、德、厚"等字样,除了字本身代表的兴旺昌隆、德义丰厚等意思,更是在彰显商号敬奉伦理道德的核心、信义当先的理念。

也是在这种核心价值理念的指导下,有着崇尚礼义、诚信经营信仰的山西商人磨砺出了不畏艰险、艰苦创业的精神,树立了同舟共济、重商立业的信念。明清时期的晋商在中国古代重农抑商的传统思想中发展壮大,开创了一个空前强大的商业帝国,实属不易。归根结底,晋商成功的核心还是其中的文化价值。有学者曾说,人类的一切经济活动都是文化产业,都有着文化的意义,而一切文化活动本身一开始就孕育着经济的因子。当然,经济内也孕育着文化因子。正是从这个意义上讲,文化和经济同时存在或融于人的生命行为和生命存在方式中,从而形成了初始形态的文化经济共同体。晋商文化本质上是商业文化的一种,文化和经济相互融合才形成了这种独特的文化，指导晋商群体在商业活动中的行为方式，同时又在晋商的不断传承和发展中得到创新。

清末民初，政治开始衰落，依附于当时政权强劲发展的晋商渐渐走向了没落，再加上晋商群体没有能够适应时代的变化，没有积极在变化中寻求自身突破，很快就被淹没在了历史的长河中。改革开放之后，三晋大地上的商人们重新整装，当然他们没有丢掉明清晋商的核心价值理念，而是以此为指导，凝聚成了更加符合当下时代发展的"诚信、创新、稳健、负责、儒雅"的新晋商精神，创造了更加丰富的新晋商文化。

"诚信"是明清晋商最重要的价值理念，当代新晋商在发展中确立了其突出地位。想要成为成功的商人，诚信永远是第一位的，这在任何时代都不会动摇。"创新"是社会发展的根本动力，企业要有创新的理念才能保证一直紧跟社会变化，创造出不竭的生命力。"稳健"是新晋商群体在发展中应当秉持的发展态度，在稳定中求发展，以保证企业的可持续发展。"负责"是新晋商在当前时代中的新使命，除了企业应当对消费者负责、对员工负责以外，新晋商还肩负着促进山西经济发展的社会责任。"儒"是中国传统文化的精髓，因此"儒雅"既是明清晋商的经商之道，也是他们的为人之道。

进入新时代，儒雅是现代知识经济社会对企业家的必然要求，要求新晋商应该树立正确的价值观和义利观，勤学精思，充分掌握本行业相关知识，促进新晋商群体的发展。新晋商群体只有紧跟时代的潮流，在变化中积极进取，抓住山西转型时期的历史机遇，才能实现振兴山西省内经济的历史使命，重现晋商之辉煌。

五、新晋商文化"义利融合"的特征

（一）在行业融合中发展

被赋予了新意义和新使命的新晋商除了在传承明清晋商遗风以外，还在积极开创更加适合自身在当下环境中发展的新路径，积极与各行各业进行融合，逐渐走开放型的发展道路。随着经济全球化的加速推进，文化传播进入了全球化的新进程，新晋商也在积极与国外优秀文化进行融合，学习先进理念和经验，力求得到更好的发展。其融合方式主要有以下两方面。

第四章 晋商文化的传承和发展

一方面是与各行各业的融合。明清晋商最广为人知的产业就是票号，其他如盐业、绸缎业、茶业等也都有晋商涉足。目前新晋商的主要产业虽然还是以传统的第一产业为主，但已经开始慢慢向第二、第三产业过渡和转型。山西作为能源大省，并没有完全依托矿产，传统的酒和醋也是山西省新晋商产业的新代表，在科技、网络和航空领域，新晋商也都处于佼佼者的地位。新晋商并没有拘泥于能源的发展，而是积极与其他新的科技和文化相融合，从而创造出富有全新意义的新晋商文化。

另一方面是与外来优秀文化的融合。在文化全球化发展的今天，信息传播早已跨越了时间和空间的壁垒，新晋商文化正在积极接受外来的优秀文化，加速融合，以期能跟上国际的步伐，使自我更加完善。文化带动经济的发展，文化的交流融合也展现出新晋商文化中包容的"义"，这样的融合发展能促进新晋商文化整体得到更长远和更精准的发展，从而获得更多的"利"。

（二）继承"关公"文化的义利观

关公是忠义的化身，他的一生都在身体力行一个"义"字。他在民众虔诚的祭祀中被神化，同时他又被民众作为活的楷模，赋予了道德、伦理、人格、价值观等多方面最优秀的品格。所以他获得了与孔子并立的"人伦师表"的殊荣。新晋商作为明清晋商的传承和延续，首先便继承了这样的正义和忠义。除了义气外，关公身上还充满了团结的精神。无论是明清晋商还是新晋商，在激烈的商业竞争中，为求立于不败之地，需要精诚团结，上下一心。正是因为这样，山西商人才把关公作为他们共同的信仰。山西有着优厚的本土资源，在自给自足的同时亦能向外服务更多省市地区，达到"义利兼收"的目的。这也是"关公文化"下义利交融的体现。

六、新晋商文化的传播价值

文化与政治、经济都有着密不可分的联系。文化传播是指人类的某一种文化从文化发源地向外辐射或由一个社会群体向另一个社会群体的散布过程。新晋商文化作为一种特有的区域文化，向内关系着山西省内的发展，向外关系着山西的转型。新晋商文化中的优秀物质、精神和制度文化，很有必要走出山西，走向全国,新晋商文化的有力传播具有深远意义。

(一) 助推经济发展

1999年10月的意大利佛罗伦萨会议上,世界银行提出,文化是经济发展的重要组成部分,文化也将是世界经济运作方式与条件的重要因素。这一举措说明文化传播正在经济领域发挥着重要的作用。随着文化重要性的不断提升,社会主义市场经济结构不断优化,文化不再对经济进行单一的传播,而是形成了自己的产业链,即对经济发展起到直接作用的文化产业。

山西是一个资源大省,长期以来以煤炭资源丰富称霸全国。但煤炭是不可再生资源,依靠煤炭发展经济的山西省渐渐陷入了瓶颈,急需有一个新的经济增长方式来替换原先相对单一的产业结构。新晋商文化就可以成为这个新的方式。无论是在影视领域还是旅游领域中,晋商文化都得到了比较好的传承。在此基础上成长起来的新晋商文化也踩着晋商文化的肩膀正在发扬光大。自2005年山西新晋商联合会成立以来,山西省组织了多次与新晋商文化相关的经济活动。2021年12月发布的《山西省"十四五"文化旅游会展康养产业发展规划》指出,要打造中国文化传承弘扬展示示范区。打造文艺精品;优化公共文化服务;加强非遗保护传承;壮大文化市场主体;引导扩大文化消费;建设国际知名文化旅游目的地等,坚持以文化、旅游带动会展、康养快速发展,形成发展新动能,推动四大产业进入高质量发展阶段。

(二) 促进文化繁荣

文化作为一种系统为人们提供了陈述意义、解释行为、总结经验、架构知识、解决问题的思维工具。文化是一个可以传承的体系,主要依靠传播来存留。新晋商文化中有着优秀的精神文化,通过有效宣传向民众传达了重商立业的人生观、诚信义利的价值观、同舟共济的协调思想和艰苦卓绝的创新精神。这种优秀精神对新晋商群体及其产业产生了积极的影响。2008年,"中国·太原首届晋商文化艺术周"成功举办,此后每年都会举办一届。新晋商联合会成立近20年来,多

第四章　晋商文化的传承和发展

次举办各种新晋商商会论坛，各种关于新晋商的学术型、专业型的会议和展览，都多渠道宣传了新晋商文化，使得"新晋商文化"这一年轻的地区文化更深更快地走进了大众视野。这类型文化活动的举办对于新晋商文化的传播具有积极的推动作用。

（三）发挥教育功能

文化具有教育意义。当今世界正处在大发展、大变革时期，文化在综合国力竞争中的地位和作用更加凸显。增强国家文化软实力、中华文化国际影响力的要求更加紧迫。文化教育是构建社会主义核心价值体系的关键，文化教育对于公民提高素质、培养广大人民形成正确的世界观、人生观、价值观具有重大意义。

近年来，"回归国学"的浪潮越来越高，发扬和传播新晋商文化也在为国学学习添砖加瓦。新晋商文化是晋商文化在新时代下的延续，依旧以儒家传统思想作为指导，在传统"仁义礼智信"的价值观念上发展壮大，形成了"诚信、创新、稳健、负责、儒雅"的新晋商精神，这样的优秀品质是值得学习和传承的。

（四）塑造地域形象

文化传播对城市形象塑造有着重要影响。以影视作品传播和塑造城市形象为例，用传播学中"沉默的螺旋"理论来说明传播对城市塑造的影响，即使受众在观看某一部影视作品时对一个城市形象的认识是负面的，或者并未注意到影视剧中的城市形象，但如果在观看的过程中接收到其他人对城市形象正面认同的大量评论，那么受众对城市形象的认识也有可能向正面转变。

山西省以煤炭资源著称。近年来，当提起对山西的印象时，不外乎"煤炭""空气差、环境差"等关键词，这些固有印象着实制约着山西的发展。随着新晋商的发展和新晋商经济的快速崛起，文化产业渐渐成为山西的另一个标志，影视业和旅游业的发展为山西注入了新的生机。

2006年《乔家大院》的热播，让世界看到了山西的大院文化和票号文明，电视剧《走西口》又使大众了解了山西人不畏艰险、开拓进取的精神，2013年实景剧《又见平遥》更是展现了老一辈山西人义字当头的忠义精神。自2001年起，每年一度的"平遥国际摄影大赛"吸引了国内外的目光，产生了出乎意料的轰动效应。这些活动的成功举办和影视剧作品的超高收视率都为塑造一个新山西作出了巨大贡献。

七、重新塑造提升新晋商的正面形象，发扬新晋商文化

新晋商群体在传播新晋商文化过程中起着主体性作用，因此，要重视新晋商群体形象的重建，尽快消除新晋商的负面形象。新晋商应该秉承"新、信、稳、担、雅"的核心价值理念，复兴晋商文化，发展新晋商文化。

第一，勇于创新，转变思想，与时俱进地发展。新晋商应该适应时代的要求，通过学习新知识来更新与企业匹配的知识体系，还要加强与外界的交流，在交流中取长补短，始终保持创新姿态，让新晋商群体和企业在创新中永葆青春与活力。

第二，坚守诚实守信的价值取向。明清晋商靠着"信义"取得了长足的发展，新晋商作为晋商的接班人，理当继续传承和发扬这一优秀作风。对待消费者要做到诚信经营，不以次充好，不偷工减料；对业内同行要杜绝恶性竞争，追求双赢；对员工要赏罚分明，严格执行用工合同；对国家要按时缴纳税款，诚实守信，不欺上瞒下。守住诚信的底线才是新晋商群体发展的根本。

第三，经济发展注意维稳。时代风云变幻，新晋商在发展过程中要从全局的视角，用长远的眼光看问题，确保企业维持现有发展水平的同时取得进一步发展。在遇到重大决策时，更是要兼顾眼前和未来，权衡利弊，采取适合企业可持续发展的策略。同时，新晋商还要具备承担风险的勇气和能力。任何企业的发展都不可能一帆风顺，总会经历一些风浪，出现一些负面消息。当有负面消息出现时，新晋商应当选择正面面对，而不是逃避。面对自己的过失应当勇于承担，寻找问题出现的根源，及时进行整改，及时止损，力求把对公众的损失降到最低。企业和群体想要获得公众的信任和支持，取得长远的发展，就要让公众看到一个有担当、有能力的群体。

第四,注重内涵建设。晋商之所以被称为"儒商",就是因为其深受儒家文化影响,奉行儒家所倡导的核心价值理念,并把这些价值理念应用于生活、商业的方方面面。新晋商不能将追求创造物质财富作为终极追求,要注重自我内涵的提升,具备广博的知识、海纳百川的气度,只有这样,才有机会顺应时代潮流,认清形势,及时抓住机遇,开创新晋商之辉煌。

第四节 晋商文化对国家软实力提升的影响

自党的十八大以来,国家高度重视文化建设,国家文化软实力发展被提到空前的高度。文化是国家形象塑造的核心,是根本、是灵魂,所以我们要培根铸魂,坚定文化自信。具有高度的文化自觉和文化自信,以强大的文化软实力赢得国际竞争。晋商文化作为中国优秀传统文化的一部分,在新形势下,其文化软实力的提升意义重大。

一、文化软实力的概念及意义

(一)何谓文化软实力

"软实力"这一术语,由美国人约瑟夫·奈最早提出。他认为:"软实力是一国文化与意识形态的吸引力,是通过吸引而非强制的方式得到期望的结果的能力。如果一个国家可以使他的立场在其他人眼里具有吸引力,那么他就无须扩展那些传统的经济实力或军事实力。"[1]尽管国内对软实力含义的阐释不一,但都围绕一个中心,即软实力发展的目的主要是促进社会成员的全面发展,增强国家的综合国力和国际竞争力。

文化软实力,是一个国家不可忽视的伟大力量,是一国基于文化而具有的凝聚力、生命力与发展动力,以及在国际文化交流中由此产生的巨大的吸引力和影响力。文化在国家政治、经济等各项建设的诸要素中,是核心要素,发挥着基础性、重

---

[1] Joseph S. Nye, Jre, Jr. The Challenge of Soft Power[M]. Time, 1999: 21.

要的作用。这种文化软实力，是文化的内部凝聚力和外部吸引力的统一，能有效扩大文化的影响力，增强国家的综合国力和国际竞争力，尤其是民族文化和传统文化，在国家建设中发挥着重要的作用。

（二）文化软实力的意义

当今，我国正处于民族复兴伟大进程的拐点。在全球化语境下，东西方文化各种思潮激荡，国家间的软实力竞争日益加剧，文化成为一国的国家政策和发展。大国的文化输出，成为一种影响他国政治经济的战略武器。

提升国家文化软实力，建设社会主义文化强国，是当前和今后一个时期国家发展和文化建设的指导思想。晋商文化作为优秀传统文化的一部分，是三晋大地历代商人经商过程中形成的一套文化体系，其文化精髓源于儒家传统文化，不仅有着科学的价值内涵，而且体现了广泛的人民诉求，能够为实现中国梦提供力量。

二、晋商文化软实力提升的必要性

（一）文化软实力自身发展需求

调查显示，2022年，美国文化软实力的总得分为70.7分，排名第一，英国64.9分，德国64.6分，分别位居第二、第三位。中国以64.2分和日本以63.5分，分别进入全球前五名。这些数据表明中国文化软实力经过长足的发展，已有了很大的成就。当今，经济全球化进程不断加快，中国要保留自己的文化基因，发出自己的文化之声，就要紧紧立足于中华优秀传统文化，并使之不断发扬光大，才能不断增强文化自信，提升文化软实力。

深受儒家文化影响的晋商文化，是三晋大地历代商人经商过程中形成的一套文化体系，其内涵包括了仁、义、礼、智、信等多个方面的商业伦理文化、家庭伦理文化、大院文化、民俗文化等在内的文化系统，其文化内核源于儒家传统文化，而儒家传统文化被普遍认同为中华文化，所以，要提升中国文化软实力，晋商文化软实力的提升责无旁贷。

（二）晋商文化在当代具有的时代价值

晋商被誉为儒商，其文化彰显着儒家优秀传统文化的思想精髓。晋商以商贾兴而不唯利是图，家产富足而不奢靡铺张，"小我"安逸而不忘国家危难，他们修身、齐家、治国的世界观、人生观、价值观，是中华民族的"根"与"魂"。在当今社会，晋商辉煌虽已成为历史，但晋商文化继续发挥着它的时代价值。

晋商以儒家倡导的仁、义、礼、智、信作为价值取向，这不仅是其商业伦理标准，也是我们现代人要遵循的一套道德准则。晋商奉行"仁爱"思想，无论是对待商业伙伴还是对待普通乡邻，都怀着一颗仁爱之心，做到推己及人，帮助他人。这一思想与"礼"相辅相成，不仅能有效地规范人们的行为，对协调人际关系也有一定的帮助，为我们提升晋商文化软实力提供强大的思想动力。

当下，利益欲望、享受欲望日渐攀升，拜金主义、享乐主义日益蔓延。在这样的大潮中，有的人迷失了自我，道德出现严重滑坡甚至沦丧。晋商经商重义轻利，以义制利，面对利益义字当先的价值观可以从根本上提升个人的精神需求和道德修养，有效地遏制不良心理和现象的发生。

晋商田青对晋商祖训"礼"的理解为"家国天下为礼"。在晋商的历史长河中，每到国家危难关头，晋商无不挺身而出，慷慨解囊。晋商一直恪守先做人、后经商的信条，坚持信用为上，以诚相待，信守承诺。这不仅是做人的基本道德准则，也是社会繁荣昌盛的根本保证。当下，诚信问题是一个深刻的社会性问题，政府诚信、企业诚信、社会诚信、个人诚信都正面临着巨大的挑战，可以说"中国正在面对前所未有的诚信危机"。面对这种现状，晋商诚信文化的浸润、影响势必对局势的扭转发挥作用。

晋商文化处处彰显着可圈可点的道德典范，为人民群众喜闻乐见。这"对于提升个人素养、集体团结、民族认同，增强我国文化的影响力都具有重要的意义"[1]。

---

[1] 周永刚. 论《论语》中的君子之道与构建和谐社会[J]. 长沙大学学报，2007，（1）：31.

（三）晋商文化软实力提升有助于弘扬经典文化

晋商辉煌已成历史，正是由于这种历史的原因，晋商所形成的经营理念、伦理观念、价值标准等势必与现代社会有一定的差异。500年后的今天，我们重提晋商文化，在历史与现代之间对话，就需要晋商文化发生现代转向，发挥文化软实力的优势，取其精华，去其糟粕，批判地继承和发扬晋商文化中的经典。例如，我们去参观晋商大院，讲解员在讲解的过程中，用通俗的语言对晋商大院的布置、铺排进行讲述，对主人经历、做人原则、育子规矩进行详尽阐述，对门窗图案、楹联匾额、影壁檐角等其中的寓意作生动的介绍，所有这些解说虽然是本着历史的原则，但实际是用现代的思维理解历史的文化，建构起历史与现代对话的桥梁，同时，"无一事无来处"的方式，可让游客了解传统经典文化的内涵，深入感受文化的魅力。

三、提升晋商文化软实力的路径

（一）以文艺审美的方式书写晋商文化

价值观念以教科书说教的方式存在，侧重的是单方面的输出，这种非审美的方式呈现的灌输性的价值观并不具有很大的吸引力，尤其对广大青少年而言更是如此。如果反复强调，甚至会引发他们的反感，不能真正将观念化作行动。因此可以将晋商文化以审美的方式呈现，将新时代价值观念隐性植入文艺作品中。比如，讲述晋商沉浮的电视剧《乔家大院》，以山西祁县乔家大院为背景，讲述晋商乔致庸弃文从商重整乔家生意的历史故事。剧中晋商诚实守信的做人根本，以义制利的经商原则和百折不挠的奋斗精神都通过人物的语言或行动表现出来，所有的文化内涵蕴藏在这些审美品质中，更有利于晋商文化的传播和接受。

（二）运用多种传播手段，扩大晋商文化的影响力

1. 充分发挥互联网优势

随着时代的发展，社会的进步，传播渠道越来越丰富，并且越来越具有时代特色。互联网作为现代社会最普及、最便捷的传播媒介，在晋商文化的传播过程中可以发挥积极的作用。晋商文化可以依托互联网，打破国界，在全球传播开来，

让国内外更多的人了解。

在"互联网+"时代,可以通过互联网平台扩大晋商文化的影响力。比如建设晋商文化门户网站,设置晋商历史版块,让国内外的人全面了解其发展历程,体会典型事迹中彰显的晋商文化;设置晋商解读版块,在深层的解读中深刻领会晋商精神;设置晋商传承版块,通过传承方式的介绍,让人们多渠道了解、学习晋商文化;设置晋商现状版块,作为优秀传统文化,要与当今时代特点和要求相结合,才能很好地传承、发展,现状介绍和分析可以帮助人们将其运用于生活实践,努力践行其文化精髓。

2. 充分利用学校教育平台

少年强则中国强,要获得强大的文化自信必须从青少年抓起。要通过加强对青少年进行晋商优秀传统文化教育,提升中国的文化软实力。青少年肩负着传承与发扬优秀传统文化的使命,因此,对他们以多种形式进行理想信念教育、爱国主义教育、历史和传统教育、民族认同感和自豪感教育、晋商传统文化教育。

学校作为传统文化教育的主阵地,在提升晋商文化软实力方面肩负着不可推卸的责任。一方面,可以加重晋商传统文化教育的比重。可以选择性地将晋商文化的内容纳入教材,让学生了解、学习。

另外,开发以晋商传统文化为核心内容的实践课,在实践过程中引领学生体会其中的文化魅力。晋商传统文化教育离不开教师,学校要不断培养并努力建立一支熟悉晋商传统文化的教师队伍,通过科学的教学方法,激发学生对晋商传统文化的兴趣,从而自觉的承担起传承晋商优秀传统文化的责任。

(三) 加强体制改革,发展文化生产力

从某种程度上说,文化产业是一个国家软实力的直观表现,是提高文化软实力的关键环节。文化产业繁复多样,小说、电影、电视剧等都是文化产业的一部分。

因此,在强化体制改革的基础上,可以进一步丰富文化市场,通过小说、电影、电视剧等形式全面弘扬晋商文化,以达到满足社会的文化需要。

（四）结合时代发展需求，实现文化创新发展

今天，晋商传奇虽已远去，晋商文化却仍然熠熠生辉。其作为中华优秀传统文化的一部分，古为今用的过程，其实是传统文化现代化的过程。要完成这一过程，必定要注入新的元素，与当代结合起来，在一定程度上彰显社会发展进程中涌现出的新思想、新观念、新取向，使之更加具有时代特征，更富时代吸引力、引导力。

在创新发展日新月异的今天，晋商文化在保留其根本的同时，努力与科技创新相融合，让更多的人认识到晋商优秀文化的巨大魅力。

参 考 文 献

[1] 李泽厚. 美的历程[M]. 北京：生活·读书·新知三联书店，2009.

[2] 宗白华. 艺镜[M]. 北京：北京大学出版社，1987.

[3] 宗白华. 美学散步[M]. 上海：上海人民出版社，1981.

[4] 朱立元等. 二十世纪西方美学经典文本：四卷本[M]. 上海：复旦大学出版社，2000.

[5] 周宪. 视觉文化的转向[M]. 北京：北京大学出版社，2008.

[6] 周宪. 走向创造的境界[M]. 长春：吉林教育出版社，1992.

[7] 周宪译. 激进的美学锋芒[M]. 北京：人民大学出版社，2003.

[8] 罗钢，刘象愚. 文化研究读本[M]. 北京：中国社会科学出版社，2000.

[9] 罗钢，王中忱. 消费文化读本[M]. 北京：中国社会科学出版社，2003.

[10] 叶朗. 中国美学史大纲[M]. 上海：上海人民出版社，1985.

[11] 叶朗. 中国历代美学文库[M]. 北京：高等教育出版社，2003.

[12] 杨继平，程选. 晋商文化概论[M]. 北京：首都经济贸易大学出版社，2018.

[13] 许安，王宝库. 晋商文化之旅[M]. 北京：中国建筑工业出版社，2005.

[14] 薛勇民. 走向晋商文化的深处[M]. 北京：人民出版社，2013.

[15] 张正明，张舒. 晋商兴衰史[M]. 太原：山西经济出版社，2010.

[16] 周丽萍. 回望山西 天下晋商[M]. 太原：山西人民出版社，2006.

[17] 成艳萍，王阿丽. 晋商五百年[M]. 太原：山西教育出版社，2014.

[18] 杨润甫. 晋商故里民俗[M]. 太原：山西古籍出版社，2006.

[19] 宋丽莉. 晋商家园[M]. 太原：山西人民出版社，2016.

[20] 陈凯元. 晋商智慧[M]. 北京：海潮出版社，2009.

[21] 赵丽生. 晋商风云[M]. 北京：高等教育出版社，2018.

[22] 张正明，孙丽萍，白雷. 中国晋商研究[M]. 北京：人民出版社，2006.

[23] 刘建生，李东. 问道晋商[M]. 太原：山西经济出版社，2016.

[24] 葛塞尔记，罗丹口述. 罗丹艺术论[M]. 北京：人民美学出版社，1979.

[25] [美]M.H.艾布拉姆斯. 镜与灯[M]. 北京：北京大学出版社，1989.

[26] [法]波德莱尔. 波德莱尔美学论文选[M]. 北京：人民文学出版社，1987.

[27] [德]鲍姆嘉滕. 美学[M]. 北京：文化艺术出版社，1987.

[28] [英]鲍桑葵. 美学史[M]. 北京：商务印书馆 1985.

[29] [美]H.G布洛克. 美学新解[M]. 沈阳：辽宁人民出版社，2000.

[30] [法]布尔迪厄. 艺术的法则[M]. 北京：中央编译出版社，2001.